7 MANEIRAS DE SER FELIZ

Luc Ferry

7 maneiras de ser feliz

Como viver de forma plena

TRADUÇÃO
Joana Angélica d'Avila Melo

OBJETIVA

Grafia atualizada segundo o Acordo Ortográfico da Língua Portuguesa de 1990, que entrou em vigor no Brasil em 2009.

Título original
7 façons d'être heureux: ou les paradoxes du bonheur

Capa
Alceu Chiesorin Nunes

Preparação
Emanuella Feix

Revisão
Valquíria Della Pozza
Márcia Moura

Dados Internacionais de Catalogação na Publicação (CIP)
(Câmara Brasileira do Livro, SP, Brasil)

Ferry, Luc, 1951–
7 maneiras de ser feliz : Como viver de forma plena / Luc Ferry ; tradução Joana Angélica d'Avila Melo. – 1ª ed. Rio de Janeiro : Objetiva, 2018.

Título original: 7 façons d'être heureux: ou les paradoxes du bonheur
ISBN 978-85-470-0054-7

1. Felicidade (Filosofia) I. Título. II. Título: Como viver de forma plena.

17-11334 CDD-170

Índice para catálogo sistemático:
1. Felicidade : Filosofia 170

[2018]

EDITORA SCHWARCZ S.A.
Praça Floriano, 19, sala 3001 — Cinelândia
20031-050 — Rio de Janeiro — RJ
Telefone: (21) 3993-7510
www.companhiadasletras.com.br
www.blogdacompanhia.com.br
facebook.com/editoraobjetiva
instagram.com/editora_objetiva
twitter.com/edobjetiva

Para Matao,
que já sabe tudo isso...

Ser imbecil, egoísta e ter boa saúde: eis as três condições necessárias para ser feliz. Mas, se a primeira lhe faltar, tudo está perdido.

Flaubert, *carta a Louise Collet,*
13 de agosto de 1846.

*Se a Providência quisesse que fôssemos felizes,
não nos teria dado a inteligência.*

Kant, *Fundamentos da metafísica dos costumes.*

Sumário

Prefácio
Materiais para uma breve história da felicidade

O Ocidente passa hoje por um verdadeiro crescimento da ideia de felicidade, uma proliferação sem precedentes de livros com pretensões filosóficas inspirados nas sabedorias antigas, no budismo, no taoismo ou no estoicismo. Essas obras são oportunamente temperadas com empréstimos tomados às teorias do desenvolvimento pessoal oriundas dos Estados Unidos, à moda do coaching e da psicologia dita "positiva". Sob formas menos ou mais aliciantes, eles prometem que alcançaremos o bem-estar, a serenidade e a felicidade, desde que recorramos a certas técnicas espirituais, a exercícios práticos de sabedoria, tanto físicos quanto mentais. Entre todos esses livros, alguns são até bem-feitos, concebidos com habilidade por autores talentosos com o objetivo de seduzir e até mesmo de trazer certo reconforto àqueles que estão mergulhados na angústia e no sofrimento. Portanto, é compreensível que obtenham um grande sucesso. O que podemos concluir disso? Seria um fenômeno novo e promissor, ou trata-se de um resgate nostálgico de doutrinas arcaicas, destinadas a amenizar as carências, reais ou supostas, de um mundo moderno, geralmente considerado materialista e desiludido?

Para responder a essas perguntas, proponho começar nossas reflexões por uma breve história da felicidade, uma abordagem histórico-filosófica que nos conduzirá, desde este prólogo, àquilo que considero essencial: o fato de que a própria ideia de felicidade é objeto de um debate contraditório, de uma "antinomia" que opõe radicalmente duas teses.

Para uns, a felicidade é a meta de toda vida humana, e também da animal, e a sabedoria suprema consiste em apoderar-se dela. Não apenas todos nós buscamos a felicidade – "até mesmo os que vão se enforcar", como dizia Pascal –, como, além disso, esse "bem soberano" é acessível a todos, desde que sejamos capazes de realizar os exercícios mentais apropriados. Já para outros, embora seja evidente que todos procuramos desesperadamente a felicidade, essa busca não passa de ilusão, de uma miragem. A felicidade não apenas é inacessível aos seres humanos em razão do caráter finito de nossa existência como simples mortais, mas também, sendo nossos desejos contraditórios e flutuantes, em qualquer hipótese é impossível defini-la de maneira categórica e satisfatória. Sabemos com bastante clareza o que nos torna infelizes, mas muito menos distintamente sabemos o que nos faria felizes. É claro, em nossa existência conhecemos momentos de alegria, e até oásis de serenidade. Como veremos, é bom trabalhar nisso; mas prometer uma felicidade duradoura obtida por si só, graças a exercícios de sabedoria e a um trabalho centrado no próprio ego, constituiria em última análise uma impostura intelectual.

Para alcançarmos a objetividade necessária, precisaremos examinar, com seriedade e com toda a imparcialidade possível, os argumentos de ambos os lados. Começarei colocando as cartas na mesa: sem acusar de impostores os filósofos da felicidade, neste assunto inclino-me claramente mais para a antítese do que para a tese. E faço isso por uma razão fundamental que os próximos capítulos desenvolverão tanto quanto for necessário: tudo o que nos faz felizes, o amor, a admiração, a liberdade, o conhecimento, a abertura do espírito, a ação, além de outros elementos dos quais ainda falaremos, é também aquilo que pode nos fazer mais infelizes. Para dar, de início, um exemplo evidente: nada pode entusiasmar mais do que o amor e nada é mais desesperador do que o luto por um ser amado. Assim, é a própria condição humana que me parece relacionar intrinsecamente a ideia de felicidade a uma extrema fragilidade. Mais uma razão para pensarmos no assunto, para tentarmos enxergar com clareza e não nos deixarmos iludir por ideologias cujas promessas fáceis são enganosas e muitas vezes perigosas, pois são paradoxalmente contraproducentes. Como demonstram inúmeras pesquisas de campo que mencionarei adiante, a busca excessiva pela ventura traz o risco da decepção, inclusive da depressão, já que a bela promessa da felicidade ameaça fortemente transformar-se na tirania daquilo que Pascal Bruckner chamava graciosamente de "euforia perpétua".[1]

Mas não nos antecipemos. Comecemos já por esta breve recapitulação histórico-filosófica que me parece tanto necessária quanto apaixonante por si só, ao menos para sabermos com um pouco mais de precisão do que falamos quando evocamos a ideia de felicidade.

SOBRE O PRAZER, O SOFRIMENTO E A FELICIDADE

Na maioria das sabedorias antigas, tanto entre os epicuristas quanto entre os estoicos, por exemplo, mas também em Aristóteles, no judaísmo, no budismo ou no taoismo, a ideia de felicidade ocupa um lugar central na reflexão sobre o sentido da existência. Somente com o surgimento do cristianismo, e mais ainda com sua vertente católica, as coisas se deterioram. Ao menos aqui embaixo, na terra, se a felicidade não estiver no céu, ela se torna amplamente secundária, para não dizer suspeita. Claro, ela permanece como o objetivo da existência humana, continua como o "bem soberano", e todos temos como propósito uma "vida feliz", para retomar o título de um ensaio de santo Agostinho. Mas é sobretudo no além, ou pelo menos na relação com ele, que a felicidade poderia encontrar seu lugar. No aqui e agora, nesta terra dos mortais, não é a felicidade que abre um acesso ao Reino: são principalmente os males inerentes à existência terrestre que nos dão a oportunidade de nos prepararmos, de encontrarmos nosso caminho rumo à salvação.

A TEOLOGIA CRISTÃ DO SOFRIMENTO: SOMENTE A RELIGIÃO PODE FAZER FELIZ PELA NOVA RELAÇÃO QUE ELA INSTAURA COM O ALÉM

Foi dentro desse espírito que ao longo dos séculos a Igreja elaborou uma teologia do sofrimento: uma verdadeira filosofia da infelicidade que sublinha as virtudes potencialmente redentoras da desgraça, doutrina singular que o *Catecismo* oficial do Vaticano mantém até hoje com extrema firmeza. Temos então, por exemplo, os trechos dedicados aos potenciais benefícios da doença como um meio de acesso à salvação; daí também sua recusa categórica em reconhecer como a eutanásia pode abreviar os sofrimentos do doente terminal. É preciso ler com atenção as páginas consagradas a tais assuntos por essa obra canônica, a qual, convém ressaltar, não é em absoluto uma obra de vulgarização, e muito menos um manual destinado às crianças. Trata-se, indiscutivelmente, do texto tomado como referência à doutrina católica.

Nele podemos ler, por exemplo, este excerto que já revela bastante sobre a teologia do sofrimento:

> A doença pode levar à angústia, ao fechar-se em si mesmo e até, por vezes, ao desespero e à revolta contra Deus. Mas também pode tornar uma pessoa mais amadurecida, ajudá-la a discernir, na sua vida, o que não é essencial para se voltar para o que o é. Muitas vezes, a doença leva à busca de Deus, a um regresso a Ele.[2]

Nesse contexto, o que importam alguns dias ou até alguns meses de sofrimento, diante da possibilidade de entrar na alegria infinita de uma vida situada na Luz eterna? Abreviar os sofrimentos do moribundo seria loucura, já que eles podem ser, para esse indivíduo, a oportunidade de compreender o sentido de sua existência, de compartilhar a paixão de Cristo e de unir-se assim a ela, como sublinha de novo um outro trecho do mesmo *Catecismo*:

> Pela sua paixão e morte na cruz, Cristo deu novo sentido ao sofrimento: desde então este pode configurar-nos com Ele e unir-nos à sua paixão redentora [...] Assim, São Paulo deve aprender do Senhor que "a minha graça te basta: pois na fraqueza é que a minha força atua plenamente" (2 Cor 12, 9), e que os sofrimentos a suportar podem ter como sentido que "eu complete na minha carne o que falta à paixão de Cristo, em benefício do seu corpo, que é a Igreja" (Cl 1, 24).*

* Nesta tradução, extraímos as citações das epístolas de *A Bíblia de Jerusalém*. São Paulo: Edições Paulinas, 1992. (N. T.)

A parábola do jovem rico vem reforçar esse elogio à desgraça sob todas as suas formas: o jovem pergunta a Jesus o que é preciso fazer para entrar no Reino, e, com a sabedoria do rabino que ele acima de tudo é, Jesus lhe responde que é preciso respeitar a lei, os dez mandamentos. O rapaz fica um pouco contrariado: sim, claro que ele já respeita a lei, ele é judeu, então é óbvio! Mas gostaria de fazer mais. Nessas condições, o rabino de Nazaré o orienta a vender seus bens e a repartir o dinheiro entre os pobres. No entanto, o jovem, muito triste, se afasta chorando, pois se sente incapaz de se desfazer de seus haveres. É então que Jesus, voltando-se para seus discípulos, emite a famosa mensagem segundo a qual é mais fácil um camelo passar pelo buraco de uma agulha do que um rico entrar no paraíso — convém esclarecer a metáfora que designa, pois às vezes as pessoas se equivocam: não se trata de uma agulha real, mas de uma porta na entrada da cidade, sob a qual os camelos deviam se abaixar para entrar.

Constata-se então, em última análise, que a miséria é sobretudo um bilhete de ingresso para a salvação, e a riqueza, um obstáculo. Por conseguinte, somente a perspectiva religiosa de um além, de uma existência fora do mundo terrestre, pode se situar ao nível da questão apresentada pela busca da felicidade. Para superar as provações da vida, para nos livrarmos definitivamente do medo e dos males que podem nos assolar a cada instante, como que por acaso, de maneira cega, injusta e indiferente, é preciso ter esperança em outra vida e, segundo o famoso ditado cristão, "matar a morte". Somente essa consideração permitirá que os humanos amem sem temor e sem limites, sem pensar o tempo todo na inevitável e dolorosa separação que aguarda a todos nós. Portanto, para conseguir ser feliz apesar da morte — a nossa, mas sobretudo a daqueles que amamos —, Denis Moreau, um filósofo cristão, afirmou em seu belo livro *Les Voies du Salut* [Os caminhos da salvação] que as quatro condições a seguir precisam estar reunidas:

> Que a morte não seja o fim; que haja uma persistência da identidade pessoal após a morte; que haja uma relativa heterogeneidade entre a forma de ser que conhecemos atualmente e aquela situada após a morte; que seja permitido esperar que essa continuação post mortem se opere em condições relativamente felizes, e até muito felizes.[3]

Em outras palavras, só estaremos plenamente serenos, tranquilos e continuamente felizes se tivermos a certeza de que uma outra vida recomeçará após nosso desaparecimento aqui na terra. Nessa nova existência, reencontraremos aqueles a quem tivermos amado, ao mesmo tempo sendo nós mesmos, verdadeiras pessoas, com nossa alma e nosso corpo. Claro, é preciso que essa nova vida seja diferente da antiga, mas que seja sobretudo mais feliz, muito mais feliz, pois nela a morte já não terá vez, e o amor e a verdade reinarão como senhores. É justamente isso que Cristo promete àqueles que aceitam segui-lo. E é evidente que essa promessa de ressurreição pessoal, de corpo e alma, desequilibra de modo muito concreto a atitude existencial do cristão, não no além, mas aqui e agora:

> A existência do crente é uma existência caracterizada pela fé na ressurreição de Cristo e pela esperança em sua própria ressurreição. Essa fé e essa esperança, se levadas a sério, não são algo que poderíamos ter paralelamente a outras ideias, a título de ornamento ou de consolação da vida. Elas determinam o ser inteiro do cristão e o situam numa relação específica com o mundo, relação que modifica seu estar no mundo...[4]

... afirmações que a meu ver ressaltam a enorme força, mas também a fraqueza da mensagem cristã em relação à felicidade no além. Se os sofrimentos aqui na terra são secundários diante da promessa de uma vida eterna, quando não sem importância, e se o que importa no final é mesmo a morte da morte, a felicidade cristã requer uma dimensão que a torna forçosamente frágil aos olhos de um não crente. Para que a "Boa-Nova" (que em grego se diz *eu-anggelia* – "ev-angelho") — a ressurreição das pessoas em corpo e alma — possa não somente nos tranquilizar, mas também encantar o mundo desde já, para que ela nos permita alcançar a serenidade e uma certa forma de felicidade aqui e agora, é preciso crer nela, é preciso ter fé.

A IDEIA REPUBLICANA E A SECULARIZAÇÃO DO CRISTIANISMO: A VALORIZAÇÃO ANTIARISTOCRÁTICA DO CARÁTER PENOSO DO TRABALHO

O período moderno irá se caracterizar pela passagem de uma ética católica a uma ética republicana. Apesar das claras rupturas ligadas à eclosão do mundo laico, essa transição continuará, na esteira da parábola dos talentos, a valorizar o esforço, relacionando a noção de mérito à de trabalho e associando esta última ao caráter penoso, como a etimologia da própria palavra indica: *tripalium* significa "instrumento de tortura de três pés". Sob vários pontos de vista, o republicanismo, para além das polêmicas anticlericais de superfície, irá se contentar em secularizar a mensagem cristã a respeito da felicidade, sem modificar a essência de seu conteúdo. Com isso, também transformará o sofrimento em uma virtude: quando não é pela doença, o será pelo trabalho, pela escola, pelos esportes e por todas as formas da "superação de si", inclusive pelo parto, que durante muito tempo continuará sendo, na França, um parto com dor. Desenvolvi esses temas em outros livros, especialmente em *A revolução do amor: Por uma espiritualidade laica*,[5] de modo que aqui não voltarei a me demorar neles, a não ser para lembrar até que ponto essa passagem do catolicismo ao republicanismo é mais contínua do que em geral se pensa, sobretudo na questão da felicidade, a qual, tanto em um como em outro, é afinal relegada a uma posição totalmente secundária.

Para compreender bem essa questão, permitam-me lembrar em poucas palavras a moral da parábola dos talentos, assim como a maneira pela qual o republicanismo a seculariza, tornando a felicidade um elemento dispensável da ética.

A parábola dos talentos conta a história de um amo que, ao partir em viagem, confia três somas diferentes de dinheiro a três de seus servos. Cinco talentos ao primeiro, dois ao segundo e um ao terceiro – a palavra "talento" (*talenta* em grego) designa moedas de grande valor, mas também simboliza os dons naturais que a pessoa recebe ao nascer. Ao retornar, ele pede uma prestação de contas. O primeiro servo lhe devolve dez talentos, o segundo, quatro, e o terceiro, que teve medo e enterrou a moeda, devolve-a intacta, sem tê-la feito frutificar. O amo o expulsa, aos insultos, e felicita os dois primeiros com palavras idênticas: "Bom servo, venha participar da alegria de teu senhor". O que essa parábola significa? Primeiro e acima de tudo, o seguinte: ao contrário do que propõem as morais aristocráticas que dominam o mundo grego, a dignidade de um indivíduo não depende dos talentos que ele recebe ao nascer, mas daquilo que ele faz deles; não de sua natureza e de seus dons naturais, mas sim de sua liberdade e de seu trabalho, sejam quais forem as dotações iniciais. Claro, existem desigualdades naturais entre os seres humanos. Seria inútil querer negar isso. Quanto a isto, não podemos fazer nada:

alguns são *de facto* mais fortes, mais bonitos e até mais inteligentes do que outros. É um fato, assim como a realidade de que o primeiro servo tem cinco talentos, ao passo que o segundo só tem dois. E então? Qual a importância disso no plano moral? A resposta cristã: nenhuma! Pois o que conta é o que cada um vai fazer desses talentos. É o trabalho, por mais penoso que seja, que dignifica o homem, e não a natureza. Num universo ainda totalmente impregnado de ética aristocrática, essa proposição constitui um verdadeiro terremoto, uma revolução que o republicanismo moderno vai integrar. Podemos observar isso de maneira particularmente límpida nesta carta magna da moral republicana que é o kantismo, no qual os revolucionários franceses vão se inspirar de maneira ampla até a Terceira República.

Por motivos apresentados de maneira clara – porém infinitamente condensada – nas primeiras linhas dos *Fundamentos da metafísica dos costumes* de Kant, para nós tornou-se quase impossível considerar os dons naturais, os talentos, como dotados de algum valor moral por si só. É como se o fato de ser inteligente, alto, forte, belo ou hábil nas atividades do corpo ou do espírito fosse, em si, uma virtude – qualquer que seja, aliás, o poder de sedução que essas qualidades podem às vezes exercer sobre nós num plano extramoral, por exemplo nos esportes, nas ciências ou nas artes. Para nós, republicanos modernos que tomamos distância ante as morais aristocráticas, essa sedução já não tem a ver com a ética, mas pertence a outras esferas. Neste ponto, a argumentação de Kant sustenta-se em poucas linhas, mas que expressam uma verdadeira ruptura com o mundo aristocrático: "Evidentemente, a força, a inteligência, a beleza etc. são moralmente neutras, nem boas nem más em si, pois qualquer um reconhecerá, se refletir a respeito por um instante, que é possível utilizá-las tanto em direção ao bem quanto ao mal!". *Corruptio optimi pessima*, diz o provérbio latino: a corrupção dos melhores é a pior que existe. Portanto, não são as qualidades naturalmente dadas que constituem a virtude, mas somente o uso que se faz delas, isto é, a liberdade e o trabalho, ou, como justamente diz Kant no trecho que acabamos de ler, a "boa vontade". Eis por que somente ela pode ser considerada absolutamente boa.[6]

VALORIZAÇÃO DO TRABALHO, DESVALORIZAÇÃO DA FELICIDADE

A valorização católico-republicana do esforço e do mérito ligados ao caráter penoso do trabalho – palavra cuja etimologia, como já dissemos, não deixava nenhuma dúvida sobre o fato de não ser em absoluto uma fonte de felicidade para todos – marca, portanto, uma ruptura total com as visões morais aristocráticas do mundo e ao mesmo tempo eudemonistas (orientadas para a felicidade) que caracterizavam o pensamento antigo. No universo grego, aristocrático por excelência, somente os escravos estavam destinados a essa desgraça que é a obrigação de trabalhar, como mostra Hannah Arendt em um texto que merece ser citado:

> Os antigos julgavam necessário ter escravos por causa da natureza servil de todas as ocupações que atendiam às necessidades da vida. Era inclusive por esse motivo que se defendia e se justificava a instituição da escravidão. Trabalhar era a sujeição à necessidade, e essa sujeição era inerente às condições da vida humana. Como estavam submetidos às necessidades da vida, os homens só podiam livrar-se disso dominando os que eles submetiam coercitivamente à necessidade. A degradação do escravo era um golpe do destino, um destino pior do que a morte, pois provocava uma metamorfose

> que transformava o homem num ser próximo dos animais domésticos... A instituição da escravidão na Antiguidade, ao menos no início, não foi nem um meio de obter mão de obra barata nem um instrumento de exploração com vistas a obter lucros, mas antes uma tentativa de eliminar das condições de vida o trabalho. O que os homens compartilham com os outros animais não era considerado como humano... Na verdade, o animal laborans não é senão uma espécie, a mais superior, se quiserem, entre as espécies animais que povoam a terra.[7]

Para os Antigos, portanto, em última análise o escravo não passava de um animal. Superior aos outros, claro, mas ainda assim um animal; para quem trabalha, é impossível alcançar a felicidade. O aristocrata irá então se considerar de bom grado como aquele que não trabalha para "ganhar a vida", como aquele que tem "pessoas" para tal, escravos ou servos, pois, nessas condições, já não se trata de ganhar a vida, mas de perdê-la, renunciando à felicidade, e essa mentalidade vai durar até a Revolução Francesa. Por razões diretamente ligadas à mensagem transmitida pela parábola dos talentos, nas camadas letradas da sociedade feudal da Idade Média somente os monges terão a obrigação de trabalhar, o que aliás, diga-se de passagem, nos valerá belas invenções que ainda trazem a marca de sua origem monacal (os licores Bénédictine e Chartreuse, o champanhe, inventado por Dom Pérignon na abadia de Hautvillers, mas também as conservas, os *confits* etc.).[8]

Para nós, republicanos e democratas modernos, é o contrário absoluto: por mais penoso e contrário à felicidade que o trabalho a priori possa ser, ele é tudo menos uma atividade animal, tudo menos um sinal de não pertencimento à humanidade. O trabalho é não somente o caráter distintivo do homem, não somente a condição de sua sobrevivência, como também a de sua humanização, pois é cultivando-o que ele se cultiva. Um homem que não trabalha não será apenas um homem pobre, mas também um pobre homem.[9] Por conseguinte, pouco importa que o trabalho seja penoso e que na maioria das vezes nos impeça de chegar à felicidade, pois o que importa é a humanização do homem, o cultivo de si, que passa sempre por uma soma colossal de esforços.

Em outras palavras, para um republicano autêntico, o essencial é a liberdade, e não a felicidade; muito mais importantes do que esta última são a emancipação e a humanização do homem. Elas, porém, não têm nada concedido à primeira vista, nada gratuito, como, aliás, a educação de nossas crianças comprova: o *hussard de la République** não pede aos seus alunos que se divirtam e fiquem felizes na aula; ele pede que trabalhem, se esforcem. Em suma: que sofram tanto quanto for necessário para aprender e tornarem-se homens e mulheres livres, ainda que essa liberdade seja adquirida em detrimento do bem-estar. Claro, talvez mais tarde eles possam desfrutar deste último como um bem, e para obtê-lo terá sido necessário pôr amplamente de lado a aspiração à felicidade. Porque um homem de bem não é acima de tudo um homem feliz, mas um homem livre e, se possível, aberto aos outros e útil ao progresso de sua nação, e até ao da humanidade em geral.

Com essa nova visão moral do mundo, os republicanos não se contentam em banir a ideia, tão cara aos Antigos, de que a natureza é um modelo ético e de que os fins, com o dirá Hans Jonas,[10] estão "domiciliados nela". Eles retomam e ao mesmo tempo

* Apelido dado aos professores primários do ensino público francês sob a Terceira República. (N. T.)

secularizam toda a herança antigrega do cristianismo. Como na parábola dos talentos, o que importa em termos morais não é o capital de que a pessoa dispõe no início, mas o uso que faz dele; não a natureza, mas a liberdade de uma vontade ativa e laboriosa. Consequência propriamente abissal: o gênio mais sublime não "vale" moralmente mais do que a criança com deficiência intelectual. Sob um ponto de vista moral, isto é, o ponto de vista da dignidade humana, eles estão rigorosamente em *igualdade*. Com esta última noção, uma nova representação da humanidade também entra em cena: não hierarquizada, mas igualitária; não aristocrática, mas democrática; não dividida em ordens, mas una e indivisível. De igual modo, a virtude já não tem nenhuma relação com a atualização de disposições naturais "bem-nascidas", as do aristocrata, com a realização de talentos dados já na saída. Bem ao contrário, mais tarde ela aparece como uma *dolorosa e fatigante luta da liberdade contra a naturalidade em nós*. Isto é, como um *trabalho, conceito que o mundo moderno vai valorizar cada vez mais, ao menos até os anos 1960 do século XX, ali onde o mundo aristocrático não via senão o labor como uma atividade servil e animal.* Nossa natureza é espontaneamente inclinada ao egoísmo e, se eu quiser abrir espaço aos outros, se eu quiser limitar minha liberdade de modo a conciliá-la com a de outrem, então é preciso que eu faça *um esforço muitas vezes penoso*; é preciso que eu me violente, e somente sob essa condição é possível uma nova ordem da coexistência pacífica entre os seres humanos. Nada é dado, tudo é construído. Com isso, a moral também assumirá a partir de então a forma de um *dever-ser*, de um imperativo, de um doloroso "você deve!/ você não deve!", e não mais a de uma simples tendência a perseverar em seu ser.

DUAS GRANDES MORAIS LAICAS TOTALMENTE OPOSTAS QUANTO À QUESTÃO DA FELICIDADE

Somente no século XVIII surgem na Europa as grandes éticas laicas, as grandes visões morais do mundo que já não se enraízam nem numa teologia nem numa cosmologia, como faziam as éticas antigas. Sejam quais forem nossas convicções pessoais, nossas sociedades democráticas já não se apoiam em morais cosmológicas ou religiosas, mas sim em morais laicas e humanistas. Isso significa que os critérios do bem e do mal são fundamentados em uma análise dos interesses humanos, e não em uma representação do Cosmo ou da divindade. Mas é também nesse ponto que se assiste a uma divisão de águas, a uma bifurcação primordial quanto à questão da felicidade. Haverá duas grandes morais laicas: uma, como acabamos de ver, direcionada sobretudo para a liberdade e encarando a felicidade como secundária; a outra, ao contrário, fazendo da felicidade o alfa e o ômega de toda existência humana e animal, não sendo então a liberdade mais do que um elemento entre outros na constituição de uma felicidade perfeita.

A primeira, como o leitor terá compreendido, é a do republicanismo que acabamos de abordar. Herdeira da parábola dos talentos, da valorização do esforço, do mérito e do trabalho, ela tende sempre à desvalorização da felicidade, como se vê com extrema clareza em Kant e nos republicanos franceses. Não que a felicidade seja totalmente rejeitada, mas vem sempre como um elemento atrelado, não é essencial; não é a preocupação principal de uma ética representada de maneira particularmente evidente na escola dos *bons points*,* das orelhas de

* Literalmente, "bons pontos", ou boas notas: sistema de recompensa no ensino primário que distribuía pequenos cupons coloridos, os *bons points*,

burro, das canetas Sergent-Major, dos uniformes cinza e dos célebres "pode fazer melhor!" de nossos boletins escolares. Não voltarei ao tema.

A segunda moral laica, encarnada no utilitarismo anglo-saxônico fundado no século XVIII por Jeremy Bentham, toma resolutamente o partido inverso, o que vai lhe permitir ganhar cada vez mais terreno sobre sua concorrente republicana. À medida que as sociedades capitalistas e hedonistas se desenvolverem, o Ocidente fará cada vez mais da felicidade o sentido supremo da vida humana. O utilitarismo se apresenta sobretudo como uma *moral do bem-estar* (*welfare*) e, somente em seguida, de maneira secundária, como uma moral da liberdade. Aliás, o princípio fundamental do utilitarismo é bastante simples: uma ação é moralmente boa quando tende a aumentar a soma global de felicidade no universo ou a diminuir a soma global de sofrimento, e é ruim no caso contrário. Assim, o bem coincide com a satisfação dos interesses. Ou seja, é exatamente o contrário de uma ação desinteressada que supõe sempre um desprendimento doloroso e imperativo em relação às inclinações naturais da pessoa. Por mais radicalmente opostos que sejam entre si o kantismo republicano e o utilitarismo, essas duas morais modernas repousam sobre uma base comum: a do laicismo – são morais não religiosas, éticas que sem dúvida podem validar a fé (Kant, por exemplo, é cristão), mas que não precisam dela para se fundamentar. Por isso, vão compartilhar quase integralmente, ao menos até o final do século XX, o monopólio do discurso moral sobre os valores.

---

aos alunos merecedores. De acordo com a quantidade obtida, o aluno podia trocá-los progressivamente com o professor, por figurinhas e finalmente por livros. Mencionadas adiante, as canetas Sergent-Major (metálicas, fixadas num suporte de madeira), que eram utilizadas para a aprendizagem da caligrafia, se tornaram clássicas. (N. T.)

DA TRADIÇÃO ANGLO-SAXÔNICA A MAIO DE 1968, OU DO UTILITARISMO AO HEDONISMO: MAIO DE 1968, O "CUIDADO DE SI" E O GRANDE RETORNO DA FELICIDADE POR MEIO DAS SABEDORIAS ANTIGAS DO ORIENTE E DO OCIDENTE

Portanto, o utilitarismo é, antes de tudo, o que chamamos de "eudemonismo", uma visão do mundo na qual os humanos são primeiramente definidos como seres que têm um *interesse* fundamental, prioritário e indiscutível na felicidade. Para os utilitaristas, os seres humanos são essencialmente definidos pelo fato de serem os portadores ou os sujeitos de interesses tão diversos quanto múltiplos, mas que, no fundo, correspondem ao seguinte: eles tendem fundamentalmente ao prazer e ao bem-estar mais completos e mais duráveis que possam existir. Se a liberdade fizer parte disso, tanto melhor; mas, se for a servidão, no fundo pouco importa, uma vez que a pessoa está feliz. Reciprocamente, pode-se dizer que os humanos têm um interesse igualmente exclusivo em evitar ou fugir da dor e do sofrimento. Em outras palavras (e já começamos a ver em que vai surgir a oposição com as morais católicas, mas também republicanas, em particular com a moral kantiana), *não existem, entre os humanos — nunca —, ações desinteressadas*. Por trás de todas as nossas ações, até no suicídio, sempre se esboça, ainda que de maneira inconsciente, oculta ou mesmo inconfessável, uma busca pela felicidade, o empenho por satisfazer nossos interesses, desejos e necessidades. Essa busca, é claro, pode se revelar mais complexa do que o previsto: por exemplo, existem prazeres muito sofisticados, intelectuais, até espirituais, e outros considerados materiais, triviais e vulgares. Entretanto, nos dois casos, segundo os utilitaristas, nossas ações são sempre dominadas pela mesma lógica do interesse, pela mesma procura de felicidade. Portanto, a busca pela satisfação dos nossos interesses, quer seja ela intelectual, espiritual, moral ou material, domina toda a nossa vida.

Tais interesses podem ser conscientes ou não; certas ações que podem parecer desinteressadas ou altruístas — alguns indivíduos chegam a sacrificar a própria vida para salvar outras — nem por isso deixam de ser, secreta ou inconscientemente, determinadas por interesses ocultos. Em todas as hipóteses, o desinteresse nunca é mais do que uma aparência, uma ilusão: os seres ditos altruístas, aqueles que sacrificam seu tempo ou mesmo sua vida pelos outros, comprovam somente o fato de terem interesse na felicidade de outrem. Desse modo, em última instância, é sempre a busca de seu benefício próprio que os leva a se sacrificar. Então, segundo essa visão, podemos dar a nossa vida por interesse pelos outros, porque nós os amamos, por exemplo; porque a felicidade deles, nesse sentido, faz parte da nossa e porque, em vista disso, a própria vida deles nos parece mais proveitosa ou mais importante do que a nossa. Portanto, o sacrifício nunca é desinteressado, mesmo quando parece grandioso, heroico e generoso.

Durante os dois últimos séculos, essas duas morais laicas vão se dividir no mundo. De um modo geral, o republicanismo será dominante no continente, sobretudo na França e na Alemanha, ao passo que o utilitarismo não cessará de aumentar sua influência no universo anglo-saxônico. Somente nos anos 1960, com o nascimento de uma nova aspiração a "*jouir sans entraves*", a descobrir "*sous les pavés, la plage*",* é que uma verdadeira ética hedonista da autenticidade, do cuidado de si, do desabrochar pessoal, do bem-estar e da saúde, entra em cena em todo o mundo ocidental.

* Slogans das manifestações de maio de 1968: "Desfrutar sem entraves" e "Sob o pavimento, a praia". (N. T.)

Daí o fato de a valorização contemporânea da busca pela felicidade tornar-se um leitmotiv fundamental no Ocidente, como aliás é comprovado de maneira evidente pelo sucesso das obras que eu evocava neste prefácio. Desde então, a prática de esportes, alimentação saudável, psicoterapias de todo tipo, teorias do desenvolvimento pessoal, redescoberta das sabedorias orientais, coaching e psicologia positiva não pararam de proliferar. Assim, nossas sociedades democráticas passam a levar ao extremo a ideia de que a felicidade é o novo imperativo, o único objetivo da existência humana; de que temos, por assim dizer, a obrigação de estar não somente em forma, com boa saúde física e psíquica, mas, além disso, plenos e felizes em nossa vida profissional e pessoal. Sem isso, somos colocados no "desce", em contraposição ao "sobe", como naquelas revistas semanais que a cada edição comentam aspectos positivos e negativos com o objetivo de distinguir claramente os "*winners*" dos "*losers*" – termos que escrevo deliberadamente em inglês, já que é inegável a hiperinflação dos vendedores de "felicidade em quinze lições" oriunda do mundo anglo-saxônico, em especial dos Estados Unidos. Trata-se da herança de uma tradição filosófica que foi por excelência a do utilitarismo e que hoje tende a se espalhar mundo afora.

De fato, é sobre uma base utilitarista que um novo paradigma ético aparece nos anos 1960, primeiro nos Estados Unidos e depois entre nós, na Europa, onde se expressará com ênfase e vigor devido aos famosos eventos de maio de 1968. Chamei essa ética de "ética da autenticidade", porque ela não apenas vai situar o ideal da felicidade no primeiro plano das preocupações humanas, como também fará esse ideal depender de um desenvolvimento exponencial do cuidado de si. Em essência, poderíamos caracterizar a ética da autenticidade por dois traços fundamentais: o antiaristocratismo e o antirrepublicanismo.

O antiaristocratismo está ligado ao fortalecimento da dinâmica da igualdade de condições nas sociedades democráticas, já tão admiravelmente descrita por Tocqueville. Em nome de um igualitarismo em alto grau, essa nova visão moral do mundo decreta voluntariamente que tudo tem o mesmo peso, que todas as culturas se equivalem (tanto as sociedades sem escrita nem literatura como as que são dotadas destas), todas as músicas (a popular como a erudita, a cançoneta como a música clássica), todas as práticas sexuais (a homo como a hétero, a solitária como as outras), todas as literaturas (tanto a HQ como o grande romance) e todos os modos de vida, quaisquer que sejam, desde que sejam *autênticos*, vividos no prazer e no bem-estar, com sinceridade, e que expressem verdadeiramente a singularidade e o ser profundo do indivíduo, que neles se reconhece *em sua diferença*.

É justamente em nome desse famoso "direito à diferença", concebido como um direito a ser feliz sendo você mesmo, sejam quais forem suas particularidades, que a ética da autenticidade rejeita não somente o aristocratismo, mas também o universalismo da meritocracia republicana pautado no esforço e no trabalho. Essa ideologia é considerada como o cúmulo da "alienação" (esse termo enfático, repulsivo, amaldiçoado por maio de 1968). Sob o ponto de vista da ética da autenticidade, era bastante reprovável que a escola republicana – "aparelho ideológico do Estado" por excelência, como dizia Louis Althusser – buscasse *formar* as crianças que lhe eram confiadas, isto é, torná-las de fato *outras*, diferentes do que eram no início. A ética da autenticidade, que estará na origem do movimento pedagógico que é radicalmente hostil à escola republicana, não quer ouvir falar de tal projeto. Em sua visão, o objetivo da escola não é nem formar nem transformar uma pessoa em outra. Ou seja, no sentido próprio da palavra, o objetivo não é *alienar*, e sim fazer *desabrocharem* os indivíduos que lhe são confiados, fazê-los felizes, sentindo-se bem consigo mesmos, com sua mente e seu corpo. Trata-se, segundo uma frase que se costuma tomar emprestada a Nietzsche e a Freud, de "tornar-se você mesmo", de "tornar-se aquilo que se é", e não absolutamente de mudar de natureza sob o efeito doloroso, "repressivo" e "normativo", da instrução pública à antiga.

Nela também reside o fato de que o direito à diferença, que no início caracterizava as ideologias contrarrevolucionárias, seja objeto de um vigoroso retorno ao outro lado do tabuleiro político. Não estará mais à extrema direita, onde ele habitava desde a Revolução Francesa, mas ao seio do esquerdismo cultural, o qual, após desconstruir os valores "burgueses" tradicionais, pretende promover a distinção positiva na esfera pública. E, no seio da escola, essa diferenciação se dará graças à famosa "renovação pedagógica", um novo ideal centrado no imperativo do "*be yourself*" em que culmina a ideologia da autenticidade e do direito à diferença.

Nesse sentido, não é à toa que de algumas décadas para cá o cuidado do bem-estar e, com ele, o da felicidade tenham se tornado centrais em todos os países ocidentais. Vimos multiplicarem-se as técnicas que supostamente permitem realizar o ideal de uma "desalienação completa do indivíduo", tanto no plano físico quanto no plano psíquico. Vitória dos exercícios físicos, da alimentação saudável, dos esportes outrora reservados à elite, como o tênis e agora o golfe, mas também da ecologia e de todo tipo de psicoterapia com o objetivo de se "reconciliar consigo mesmo". Tudo isso traz duas consequências fortes, cujos efeitos em profundidade percebemos cada vez mais: de um lado, a rejeição às autoridades tradicionais, inclusive no mundo do trabalho, em benefício do hedonismo (o essencial é "se enfiar de cabeça", "curtir ao máximo", "fazer o que se tem vontade" etc.); do outro, o culto à diferença, inerente a um individualismo que se esquiva de todos os compromissos coletivos que não sejam opcionais. Ser militante em um grupo, dedicar tempo a uma associação, por que não? É preciso, porém, que o compromisso seja livremente consentido e permanentemente compatível com a exigência de ser feliz que passa a caracterizar o indivíduo.

Mesmo assim, bem sabemos que, apesar das promessas tentadoras das obras que eu evoquei no início, a questão da felicidade não é tão simples. De nada adianta nos assegurar que, após algumas lições e uma prática constante de exercícios físicos e mentais, alcançaremos o Graal: nossa ingenuidade tem limites, apesar de tudo. Bem sabemos que não somos tudo, que também dependemos dos outros, que somos mortais e que afinal teremos grande dificuldade para sermos felizes se aqueles a quem amamos estiverem mergulhados na infelicidade, na desgraça e na doença. Eis por que, após esta curta recapitulação dos elementos, a meu ver fundamentais, de uma breve história da felicidade, proponho a vocês que encarem a partir de agora o essencial, a saber: o fato de que a busca pela felicidade assumiu a forma daquilo que os filósofos denominam uma "antinomia". Isto é, uma contradição absoluta entre duas teses que, no entanto, apresentam a vantagem (ou o inconveniente) de estarem fundamentadas, cada uma, sobre argumentos aparentemente convincentes e bem sustentados, de um lado e de outro.

1. A antinomia da felicidade

Procuremos formular essa antinomia da maneira mais concisa possível, antes de expormos os raciocínios e argumentos em que as duas lógicas opostas se baseiam.

TESE

A felicidade não somente guia todas as nossas ações, como também qualquer pessoa pode identificá-la e mesmo defini-la de maneira clara e distinta. Ela pode ser permanentemente acessível a todos, e isso por uma razão básica: como já diziam os estoicos e os budistas, ela na verdade não depende essencialmente dos outros, nem do estado do mundo exterior, mas sobretudo de nós mesmos, de nossa capacidade de nos harmonizarmos com nosso eu profundo, recorrendo a exercícios físicos e mentais apropriados, que as sabedorias de ontem e as ciências humanas de hoje estão prontas para nos transmitir. Basta simplesmente compreender o próprio eu profundo para perceber o que verdadeiramente lhe convém, identificar em seguida os bons exercícios e depois praticá-los corretamente. Assim, uma felicidade duradoura obtida por si mesmo, claro que aberta aos outros, mas centrada sobretudo sobre o eu pessoal, se encontrará no fim do caminho.

ANTÍTESE

Claro, é uma obviedade: nós todos preferimos buscar a felicidade, e não a infelicidade. Por um lado, ao contrário da infelicidade, que é fácil de definir e de identificar, a felicidade é por essência indefinível e não identificável, pois nunca podemos ter certeza absoluta sobre o que vai nos tornar felizes de maneira duradoura — dinheiro, amor, prestígio social, talentos, erudição, conhecimentos: tudo o que traz alegria pode se transformar em seu oposto. Além disso, mesmo admitindo que possamos forjar por algum tempo, por um período de nossa vida, uma ideia aproximativa daquilo que nos conviria e, por isso mesmo, daquilo que poderia nos trazer uma felicidade relativa, será inegável que ela depende muito menos de um trabalho de sabedoria sobre si do que do estado do mundo exterior e do destino dos outros, em particular o daqueles a quem amamos e cujo infortúnio não podemos suportar, exceto se o indivíduo viver sozinho, como um monge. Portanto, para seres finitos (mortais) como somos, a felicidade é um estado sempre frágil, provisório e de durabilidade inacessível por esforço próprio. É preciso contentar-se com momentos de alegria, com espaços de serenidade; mas pretender definir a felicidade e torná-la acessível a todos permanentemente por meio de um trabalho sobre si mesmo constitui uma impostura intelectual que ameaça nos tornar paradoxalmente depressivos e infelizes.

Vejamos.

I. OS ARGUMENTOS DA TESE

1) O primeiro argumento é, literalmente, fundamental e fundador, pois inspira e irriga todos os outros. Ele postula que a felicidade só depende de nós, não do mundo exterior nem dos outros, e sim de um trabalho sobre si, de exercícios de sabedoria que visam especialmente, como dizia Descartes com uma máxima estoica, a "mudar os próprios desejos, em vez da ordem do mundo". Aliás, é por seduzir o leitor com a possibilidade de mudar a si mesmo – já que mudar a realidade, sendo a política aquilo que é, quase sempre lhe parece fora de alcance – que a mensagem das filosofias da "felicidade obtida por si só" encontra um eco tão grande: quem não seria tentado por uma promessa tão magnífica? A título de exemplo, eis o que Frédéric Lenoir escreve num livrinho muito representativo desse retorno às sabedorias antigas:[1]

> Um homem infeliz será infeliz por toda parte, seja qual for seu ambiente. Ao pessimismo de Kant, de Schopenhauer e de Freud, os quais afirmam que uma felicidade completa e duradoura é impossível diante do caráter infinito do desejo humano, os sábios do Oriente e do Ocidente respondem que essa felicidade é possível desde que não procuremos ajustar o mundo aos nossos desejos. A sabedoria nos ensina a desejar e a amar o que é. Ela nos ensina a dizer "sim" à vida. Uma felicidade profunda e duradoura se torna possível desde que transformemos nosso próprio olhar sobre o mundo. Descobrimos então que a felicidade e a infelicidade não dependem mais tanto das causas exteriores, mas de nosso "estado de ser". [...] Ser feliz é amar a vida, toda a vida: com seus altos e baixos, seus traços de luz e suas fases de trevas, seus prazeres e suas dores [...] É viver intensamente cada instante.

Evidentemente, permitam-me insistir e convidá-los a atentar com cuidado para esta observação: tais considerações só têm sentido se valerem não apenas em períodos favoráveis, quando tudo vai bem, mas também, como querem os estoicos e como lembra enfaticamente Lenoir, quando as circunstâncias da vida são penosas, e até atrozes, tanto nos campos da morte quanto no sexto arrondissement de Paris em período de paz. E é justamente isso que é desenvolvido pelo segundo argumento, de acordo com o qual...

2) ... ao contrário do que diz o senso comum, é totalmente possível ser feliz em um mundo infeliz. Lenoir nos explica que isso constitui até mesmo um dever moral, pois a felicidade, por ser contagiosa, é benéfica aos outros. Essa tese, de novo inspirada no estoicismo e também no budismo, é uma consequência direta da primeira, já que a felicidade só depende de minha harmonização comigo mesmo, de minha sabedoria interior, e não das condições exteriores de minha existência; um trabalho sobre mim, sobre meu corpo e minha mente, deveria me permitir alcançá-la em quaisquer circunstâncias. Portanto, os teóricos da felicidade obtida por si mesmo não hesitam em abordar a questão que incomoda e vem à mente de imediato: pode-se verdadeiramente ser feliz em Goma ou Auschwitz, no meio do massacre de uma aldeia na República Centro-Africana, em uma câmara de tortura na Síria? Alguém dirá que essas situações são excepcionais, que a "*reductio ad Hitlerum*"* é um argumento patético, tão fácil quanto batido, que se está falando de felicidade "em condições normais". Porém, como acabamos de ver com o pequeno excerto de Lenoir,

* Redução (da argumentação) a Hitler, ou seja, uma forma de invalidar um argumento equiparando-o a um posicionamento nazista. (N. E.)

que tem o mérito de ser claro a respeito do assunto, os teóricos da felicidade por si mesmo situam claramente o limite muito ao alto: a proposição deles visa de fato a assegurar que a felicidade é possível *em todas as circunstâncias*. Para isso, é preciso dizer "sim" à vida "*com seus altos e baixos*", como aliás afirmam todas as filosofias da felicidade, do budismo ao espinosismo, passando, é claro, pelo estoicismo, do qual este é inclusive o tema mais famoso. Além do mais, de que poderia servir afinal uma filosofia que nos dissesse ser possível alcançar a felicidade... quando tudo vai bem e quando a pessoa já é feliz?

É sob essa óptica que Lenoir chegará a citar, em apoio à sua tese, um texto de Etty Hillesum, aquela admirável filósofa morta em Auschwitz em 1943, aos 29 anos:

> Quando temos uma vida interior, pouco importa, sem dúvida, de que lado das grades do campo nos encontramos [...] Já sofri mil mortes em mil campos de concentração. Conheço tudo. Nenhuma informação nova me angustia mais. De um modo ou de outro, já sei tudo. E apesar disso acho esta vida bela e rica em sentido. A cada instante [...] O grande obstáculo é sempre a representação, e não a realidade.

Antes de continuarmos, convém um esclarecimento: esse texto não traduz em absoluto a experiência real dos campos de concentração, pois foi escrito dois anos antes de Etty Hillesum ser presa e torturada em Auschwitz. Aliás, apesar da grandeza e da coragem que se desprende dessas palavras, duvido muito que elas descrevam de maneira genuína o que se poderia considerar uma experiência de uma "felicidade completa e duradoura". Em vez disso, vejo uma formidável denegação, um meio sem dúvida nobre, mas sobretudo patético, de se tranquilizar diante da eventualidade da desgraça absoluta. Mas aceitemos por enquanto a ideia do texto, a fim de não desconstruir cedo demais o tipo ideal das filosofias da felicidade. Talvez, afinal, a seguir, haja como responder a essa objeção completando a teoria.

3) A terceira tese essencial ao preceito geral é aquela segundo a qual a felicidade é perfeitamente definível. Para isso, basta que consigamos identificar bem nossa natureza profunda, nosso eu mais íntimo, nossas necessidades fundamentais, que sejamos capazes de nos libertar da tirania dos artifícios que nos fazem entrar na corrida louca do consumismo. Em outras palavras, precisamos retornar do "ter" ao "ser", do quantitativo ao qualitativo, aprender a habitar o presente, longe das miragens do passado e do futuro, tanto da nostalgia quanto da esperança. Como dizia André Comte-Sponville com uma frase estoica: "O sábio é aquele que consegue se lamentar um pouco menos, esperar um pouco menos, amar um pouco mais". Amar o que temos aqui e agora, em vez de desejar incessantemente o que não temos, eis o segredo! Então, identificando o que verdadeiramente nos convém, compreendendo nossa identidade mais profunda, poderemos chegar a uma felicidade completa e duradoura. O tema permite, de passagem, fazer uma elegante crítica à sociedade de consumo, ao capitalismo, ao dinheiro, à corrida pelas futilidades, e assim situa o teórico da felicidade por si mesmo na postura de sábio acima do tumulto.

Dito isso, para firmar essa ideia de que a felicidade pode ser definida em função de um conhecimento, por parte do indivíduo e de sua natureza própria, evidentemente é preciso postular que existe de fato algo como uma "natureza própria". Essa seria uma natureza humana fundamental, à qual conviriam certos ingredientes de uma vida boa e outros não, como a cenoura convém ao coelho, os grãos ao pombo ou a carne moída aos meus gatos. Essa adequação entre uma espécie de receptáculo, do vaso vazio que seria a natureza humana de um lado, e, de outro, aquilo que lhe conviria idealmente, permitiria identificar e definir os elementos constitutivos de uma felicidade duradoura, de uma serenidade resistente às vicissitudes da vida, tanto aos seus altos como aos seus baixos. Nessa perspectiva, os teóricos contemporâneos da felicidade por si mesmo gostam de se referir também à filosofia de Epicuro, porque ela lhes oferece quatro grandes temas que permitem escorar a ideia de uma definição clara e distinta da natureza humana. Tal como se esperava que fosse para o corpo o *tetrapharmakos* – um remédio de medicina grega, composto de quatro ingredientes (cera, sebo, pez e resina) –, a filosofia seria uma terapêutica da alma que nos proporia os quatro remédios seguintes:

A) os deuses não se ocupam de nós, nada temos a temer deles;

B) a morte não é nada para nós, porque, quando ela está presente, nós já não estamos, e, quando estamos, ela não está;

C) existem três tipos de desejo: os desejos naturais e necessários, a fome e a sede, por exemplo; os desejos naturais mas não necessários, como o sexo; os desejos não naturais e não necessários, como o prestígio, as futilidades, em suma, tudo o que está mais relacionado ao ter do que ao ser, mais com o consumo do que com a sabedoria;

D) por fim, os sofrimentos são geralmente breves, quase sempre evitáveis, e tudo depende da maneira como os encaramos: podem ser especialmente amenizados pela lembrança dos tempos felizes.

Se admitirmos, nesse espírito epicurista, que existem uma natureza humana estável e desejos naturais bem identificáveis, então poderemos definir sem problemas a felicidade como sendo o conjunto das respostas trazidas a esse horizonte de expectativa, como uma lista das receitas que vêm preencher esse receptáculo. Único requisito: conseguir se conhecer bem e recusar lançar-se aos artifícios, à lógica fútil do ter, do entretenimento e do consumo desenfreado, para permanecer com sensatez em nossa natureza original. À falta de Epicuro, é possível apoiar-se em Montaigne, cuja sabedoria se encontra definida por Lenoir da seguinte maneira:

> Toda a sabedoria de Montaigne se resume numa espécie de grande "sim" sagrado à vida. Conhecer e aceitar sua natureza própria para aprender a gozar do melhor modo a vida. Esquivar-se de todo sofrimento evitável e suportar com paciência as provas inevitáveis, continuando a tentar gozar o que nos contenta. Compensar a brevidade da existência com a qualidade e a intensidade de nossas experiências. Aliás, apenas assim poderemos enfrentar a morte sem arrependimentos.[2]

Insisto mais uma vez, pois este é o ponto crucial, evitemos aqui as meias medidas: o grande "sim" à vida abrange de fato todas as circunstâncias, até mesmo Auschwitz, como acabamos de ver. Nesse sentido, para além das referências a Buda ou a Epicuro, a Montaigne ou à doutrina dos estoicos, as sabedorias da felicidade vão ao encontro da de Espinosa, quando ele apresenta a inteligência da necessidade, o amor ao destino, o amor ao que está presente, ao real inteiro — o *amor fati*, dirá Nietzsche, no ápice de sua filosofia.

A esses três argumentos principais, em geral vem acrescentar-se um conjunto de conselhos práticos extraídos não somente das diferentes sabedorias antigas, como também das ciências sociais contemporâneas, especialmente, como mencionei, a psicologia positiva, bem como as teorias do desenvolvimento pessoal. Tais preceitos são hoje bastante conhecidos. Nós os encontramos repetidos até cansar na coorte das revistas "psi" dedicadas ao bem-estar e ao "cuidado de si". Pregam o não apego, a necessidade de viver no presente, de "aproveitar o instante", de saborear os momentos de alegria, longe da nostalgia e das expectativas, os benefícios de uma vida centrada no Ser mais do que no Ter, os malefícios da fuga consumista, as vantagens do qualitativo sobre o quantitativo, os efeitos benéficos do sorriso, da generosidade, das boas ações, das imagens positivas na hora de adormecer etc. Detenho-me por aqui, basta ir à internet para encontrar em abundância todas essas sugestões e muitas outras ainda.

II. OS ARGUMENTOS DA ANTÍTESE

São, como é de imaginar, exatamente inversos.

1) Para começar, salienta-se que a felicidade é ao mesmo tempo provisória e frágil. Longe de depender apenas de um trabalho sobre nós mesmos e de nossa eventual harmonia interior, ela está amplamente ligada aos outros, em particular às condições em que vivem aqueles a quem amamos, assim como ao estado do mundo exterior — pelo menos se a pessoa não for totalmente egocêntrica. Além disso, para o não crente, a felicidade encontra forçosamente seus limites na finitude humana, na realidade implacável da separação e da morte. Não importa o que façamos, algum dia estaremos separados daqueles que nos são estimados, de tudo aquilo a que somos apegados; e recomendar que não nos apeguemos a nada, que pratiquemos o não apego a fim de evitar essa dilaceração, equivale a nos jogarmos na água para evitar a chuva. Não se trata

de negar as eventuais virtudes de um "trabalho sobre si", de uma análise, de uma compreensão melhor de si mesmo e do mundo, obtida graças à filosofia, às ciências, à literatura e às artes. É bem possível, e mesmo certo, que isso possa trazer mais inteligência, autoconsciência e até serenidade. Mas felicidade? Duvido muito. Pois, para o homem de bem, não existe felicidade possível em um mundo infeliz.

Para dar um exemplo deliberadamente banal, mas na minha opinião justo, quem tem filhos e os ama acima de tudo sabe que eles são uma fonte de alegrias incomparáveis, mas também de angústias igualmente únicas — e por aí eu retomo o tema fundamental que me guiará ao longo deste livro: em um paradoxo que deveremos explorar, aquilo que nos traz a maior felicidade possível é sempre o que também pode nos trazer a maior infelicidade. Chego até a dizer que, para acreditar na felicidade, é preciso não ter filhos. De maneira mais geral, é preciso não ter apegos, sejam eles quais forem, para idealizar a felicidade a ponto de cair na ilusão a meu ver incrivelmente ingênua de que alguém poderia ser feliz em um mundo infeliz, em um mundo onde aqueles a quem amamos estivessem afundados na desgraça.

Aliás, é exatamente isso que o Dalai Lama prega (embora ele seja um caloroso partidário da tese da felicidade por si), quando explica várias vezes, e com o máximo de clareza, que somente a vida dos eremitas permite alcançar a serenidade indispensável à felicidade. Daí seu constante elogio à vida monacal, elogio que encontramos, entre muitos outros, neste excerto de seu livro *O caminho para a liberdade*:[3]

> Quando nos preocupamos com esta vida, somos levados a trabalhar por aqueles a quem amamos, nossos próximos, nossos amigos, e a esforçar-nos para que eles sejam felizes. Se outros tentarem preju-

dicá-los, de imediato lhes aplicamos a alcunha de inimigos. Desse modo, as ilusões como o desejo e o ódio crescem como um rio na enchente de verão... Entre os humanos, a vida profana é atulhada de turbulências e de problemas. E os laicos são implicados em todo tipo de atividades que não favorecem muito o exercício do dharma. A vida monástica é muito mais favorável, afirma-se, à prática dirigida a extinguir esse ciclo. Segundo Tsong-ka-pa, refletir sobre as dificuldades e as desvantagens da vida laica, assim como sobre as vantagens da vida monacal, reforça o envolvimento nesta última, se você tiver escolhido esse caminho.

O argumento é forte e, se levarmos verdadeiramente a sério a ideia de uma felicidade por si mesmo, é preciso refletir a respeito: convém viver sozinho, como um monge (*monos*, em grego, significa "só"), para praticar um não apego que é simplesmente impossível a quem se lança aos amores humanos. Tenho grande estima e admiração por Matthieu Ricard, porque, como monge budista, ele realmente escolheu harmonizar sua vida com seu pensamento. Em contraposição, duvido que alguém consiga praticar a sabedoria de Buda durante algumas horas por mês no sexto arrondissement de Paris, e viver tranquilamente o resto do tempo como um boçal...

Sigamos adiante. De acordo com um dos argumentos da antítese, nossa felicidade não depende somente da felicidade de nossos próximos, mas também, inegavelmente, do estado do mundo. Não esqueço uma foto publicada na capa da revista *Le Nouvel Observateur*, alguns anos atrás, que mostrava um jovem judeu, de rosto emaciado. Ele está de joelhos, literalmente empoleirado sobre uma pilha de incontáveis cadáveres, jogados de qualquer jeito numa fossa comum. Ao redor daquele vasto buraco escavado rente ao chão, nazistas uniformizados caçoam às gargalhadas.

Um deles segura um revólver, o cano a dez centímetros da cabeça do rapaz, e sabemos que ele vai atirar, que dentro de poucos segundos aquele jovem vai morrer como os outros. É realmente possível ser feliz em tal mundo, "não importa o ambiente", desde que se tenha encontrado uma harmonia interior? Podemos agir como Epíteto que manteve o sorriso ao ser torturado por seu senhor e ter a perna quebrada para que este testasse sua teoria? Mesmo quando se toma consciência de que o mal absoluto, e com este a desgraça absoluta e sem nenhuma salvação possível estão ali, a poucos passos de nós, aqui e agora? Confesso a vocês que, mesmo se eu não fosse bastante sensato, mas sim bastante maluco ou perverso para alcançar a felicidade em uma situação semelhante, não é certo que desejaria isso, não é certo que poderia ainda depois me olhar num espelho sem remorsos. Na verdade, somente um grande psicótico ou um perfeito canalha, mas jamais uma pessoa sensata, poderia realmente ser feliz naquele mundo. Pois bem: esse mundo, infelizmente, ainda é o nosso, sob vários pontos de vista.

2) O segundo argumento é felizmente menos patético, um pouco mais teórico, e no entanto inquestionável sob o ponto de vista da antítese: ao contrário da infelicidade, que é facilmente definível e identificável, a felicidade é e sempre será impossível de definir a priori. Essa é uma das teses mais profundas de toda filosofia crítica, uma tese que sem dúvida já encontramos em Kant, mas que reencontraremos, por exemplo, em um filósofo como Karl Popper: é preciso ser literalmente cego para não ver que existe uma radical assimetria entre o bem e o mal, entre a felicidade e a infelicidade. Eu posso identificar sem dificuldade o que me tornaria infeliz: o luto por um ser amado, uma doença terminal, a guerra em nosso solo e mesmo em outro lugar, uma separação,

a perda de um emprego, uma deficiência repentina, em suma, um acidente da vida. Por outro lado, jamais posso ter certeza daquilo que vai me fazer feliz: o amor, a justiça, o dinheiro, o sucesso, a notoriedade, a inteligência, a erudição, os conhecimentos, os bens de todo tipo? Todos podem facilmente se transformar em calamidades. Esse é um argumento que Kant, em *Fundamentos da metafísica dos costumes*, apoiou em um raciocínio bem difícil de refutar, quando refletimos sobre ele um pouco mais seriamente. Permitam-me citá-lo aqui, pois é um argumento luminoso:

> O conceito de felicidade é tão indeterminado que, apesar do desejo que todo homem tem de ser feliz, ninguém jamais pode dizer em termos precisos e coerentes o que verdadeiramente deseja e quer. [...] Quer a riqueza? Quantas preocupações, quanta inveja, quantas armadilhas ele pode, com isso, atrair sobre sua cabeça! Quer muitos conhecimentos e saber? Talvez isso só lhe proporcione um olhar mais lúcido sobre males que ele doravante enxergará de maneira mais aterrorizante, ao passo que antes se esquivavam à sua visão, e que no entanto são inevitáveis, ou então carregar com mais necessidades ainda seus desejos, que ele já tem bastante dificuldade de satisfazer. [...] Em suma, ele é incapaz de determinar com total certeza derivada de algum princípio o que o tornaria verdadeiramente feliz, pois, para isso, precisaria de onisciência. [...] O problema que consiste em determinar de maneira segura e geral qual ação pode favorecer a felicidade de um ser razoável é um problema totalmente insolúvel [...].

Poderíamos dar vários exemplos em apoio à argumentação kantiana. Eis um atual, entre tantos outros possíveis: a ciência moderna, graças especialmente aos extraordinários progressos realizados nestes últimos tempos no sequenciamento do genoma humano e, por conseguinte, na descoberta da origem genética de certas doenças graves, como o mal de Alzheimer, nos promete rastreá-las com bastante antecedência, às vezes de décadas, em relação ao surgimento dos primeiros sintomas clínicos. Muitas vezes, porém, e é justamente esse o caso do Alzheimer, ainda não existe nenhum tratamento eficaz no estado atual da medicina. Quem pode garantir, com toda a certeza, que esses progressos obtidos de maneira admirável no domínio do conhecimento, progressos que reativam sob uma forma inédita o mito de Fausto, vão nos tornar indiscutivelmente mais felizes? Nada permite afirmar isso. O mesmo ocorre quanto ao destino, à inteligência, à notoriedade, ao prestígio social ou ao amor, benefícios que jamais impediram a doença e a morte, nem garantiram uma vida afetiva bem-sucedida. Aliás, basta ter nascido e já se tem idade para morrer. E o que há de pior do que o luto por alguém próximo? A única coisa absolutamente certa, ao menos para o não crente, é que todo amor acabará por se perder, seja porque a paixão se extingue, seja porque um dos protagonistas acaba indo embora. Por isso, como diz o poeta, "não existe amor feliz", pelo menos não eternamente. Já a infelicidade, em contraposição, não deixa muitas dúvidas. Quando o médico anuncia a você a doença fatal, ou o policial lhe comunica a morte de uma criança, pronto, aconteceu. Talvez você se recupere, talvez não, mas não conheço nenhum ser humano que se regozije diante desse tipo de notícia. Então, seria melhor praticar o "não apego", como nos convida o budismo? Se a pessoa estiver pronta para ir até o fim nessa lógica, isto é, como acabamos de ler nas afirmações do Dalai Lama, a da vida monacal, por que não? Pessoalmente, posso admirar essa vida, mas não a quero em absoluto – a vida dos eremitas me parece menos dedicada à sabedoria do que à recusa a viver.

Falta responder a um último argumento da tese, aquele que consiste em afirmar que a felicidade, apesar de tudo, é definível, desde que consigamos identificar nossa natureza profunda, as necessidades de nosso eu mais íntimo, a fim de poder viver em harmonia com ele. Que seja. O problema, porém, é que essa noção de "natureza humana", de "eu profundo", de "natureza íntima", que poderíamos identificar para depois preencher como se preenche um recipiente, é pura ficção. Trata-se simplesmente de uma bolha metafísica sem consistência, uma imagística tranquilizadora que a pessoa adota para tentar se reconfortar. Se a felicidade não é definível, é porque, ao contrário do que pretendem os teóricos da felicidade obtida por si mesmo, não existe em lugar nenhum algo como uma "natureza humana".

3) Ao menos, tal é a tese, a meu ver justa e profunda, que já aparece no famoso mito de Prometeu. Essa tese fundamenta a ideia de liberdade humana que reencontraremos mais tarde em Pico della Mirandola, Rousseau, Kant, Husserl, Sartre e mesmo Heidegger.

Recordemos, em poucas palavras, o sentido desse mito. Zeus pede aos irmãos Epimeteu e Prometeu que fabriquem os mortais para distrair os deuses, que viviam em uma calma olímpica desde o fim da guerra contra os Titãs. Epimeteu suplica ao irmão que o deixe trabalhar nos animais. Com água e terra, ele fabrica estatuetas de modelos de cada espécie. Para conseguir construir um reino animal bem equilibrado e viável, atribui aos bichos três qualidades: um arquétipo, ou seja, uma natureza peculiar de cada espécie, de tal modo que o gato, a abelha ou o coelho tenham cada um seu modo de vida próprio; um lugar específico no mundo (a água para os peixes, o céu para as aves, a terra para os mamíferos, uns nas regiões frias, outros nas regiões quentes etc.); e, por fim, dons específicos para sobreviver em um mundo difícil (asas, nadadeiras, garras, pelagem, uma carapaça, velocidade etc.).

Depois que Epimeteu distribui tudo, Prometeu vem examinar o trabalho do irmão e percebe que não restou nada para os humanos: nem modelo. Não havia nenhuma natureza particular, nem lugar, nem dons específicos — nada de nadadeiras, nada de asas, de pelagem, de carapaça, de garras. A lição filosófica do mito: é justamente por não ser nada de preciso, por não existir natureza humana, que o homem pode se tornar tudo; é por não ser determinado por nenhuma natureza que ele é livre. Os humanos não são programados por toda a eternidade por um software intrínseco, como as abelhas são para fazer mel ou os gatos para perseguir os ratos. Portanto, eles deverão e poderão inventar sua vida, moldar livremente seu destino — como diz Pico della Mirandola de maneira admirável em sua retomada do famoso mito grego. Nessa releitura, é o próprio Deus que desempenha ao mesmo tempo o papel dos dois irmãos,[4] uma fulminante passagem de profundidade, que já contém não só o início do pensamento de Rousseau e a filosofia crítica de Kant, mas também aquilo que o existencialismo de Sartre e a fenomenologia de Husserl e Heidegger terão talvez de mais profundo.

Para formular a mensagem de Pico della Mirandola na linguagem da filosofia contemporânea, poderíamos dizer que o homem, não sendo determinado por nenhuma "natureza", não tendo nem definição prévia nem "identidade natural", pode escolher todas as identidades. Enquanto os seres inferiores, plantas e animais, são tudo o que são chamados a ser, de modo que não têm história, nem cultura, nem política. Somente o homem, porque é nada, alcança a esfera da historicidade. Somente ele possuirá uma história verdadeira, isto é, um itinerário livre, e não pré-formado por uma natureza, no seio da existência.

Daí o fato de que, nessa perspectiva, a ideia de uma felicidade perfeita e duradoura, obtida por uma harmonização de si, por um acordo com a própria natureza profunda, não tem rigorosamente nenhum sentido. Para dizer as coisas com mais simplicidade, creio saber, sem me enganar muito, como deixar felizes os meus gatos. Sei o que convém à natureza deles, pois ela se manifesta claramente, e esta de fato me parece fácil de identificar: bom leite, boa carne, um pouco de exercício, carinhos, alguns passeios e umas boas vinte horas de sono preguiçoso por dia. Para minhas filhas, ao contrário, a coisa é totalmente diferente: nunca estou absolutamente seguro do que lhes convém em cada etapa de sua vida. Faço o melhor que posso, mas, como todos os pais atentos, tenho constantemente a sensação de que a educação que lhes dou é mais ou menos falha ou, se preferirem, mais ou menos exitosa. Por quê? Simplesmente porque, ao contrário dos meus gatos, nada é totalmente estável entre os humanos, porque são seres livres, não programados por um software natural determinante. Neles, tudo é movediço, mutante, problemático, porque é histórico e cultural, e não consolidado e natural.

Sob vários pontos de vista, as pesquisas mais recentes em matéria de biologia genética confirmam a ideia de que não existe nada que se assemelhe verdadeiramente a uma natureza humana bem identificável, a um "eu profundo" que seria possível "contentar" como se pode fazer para um bichinho de estimação. Voltaremos ao assunto mais tarde, no capítulo dedicado à ideia de liberdade. Mas o que fica claro desde já, se considerarmos os argumentos da antítese, é que a ilusão da felicidade ameaça complicar-se assumindo a forma de uma nova tirania.

A TIRANIA DA FELICIDADE OBRIGATÓRIA, OU POR QUE A BUSCA DESESPERADA PELA FELICIDADE CERTAMENTE PROVOCA A INFELICIDADE

Como Nietzsche havia observado, a ideia de felicidade, dogmaticamente apresentada como um objetivo a ser alcançado por todo ser humano, sem que se deseje ou se tenha consciência disso acaba convergindo para o cúmulo do "niilismo", no sentido que o filósofo dava a esse termo: uma tirania do ideal que se empenha em negar o real. Apresentadas sob a forma de uma promessa cuja realização só dependeria de nós, as sabedorias da felicidade podem tornar as pessoas permanentemente infelizes, e até afundá-las na doença, pois a lucidez é sempre preferível à ilusão e certamente menos patogênica do que ela. Segundo um processo que poderíamos denominar "dialético", a tese eudemonista se transforma então em seu contrário: um estresse angustiante. Ao atrair os discípulos com a ideia de que eles podem alcançar o sucesso mediante alguns exercícios físicos e psíquicos cotidianos, ao fazê-los crer que são capazes de melhorar sua vida trabalhando sobre eles mesmos, mais do que sobre o mundo exterior, acaba-se por gerar uma nova forma de culpa, por criar um destruidor ideal do eu.

Claro que as promessas dos mercadores de felicidade provocam reações, incitam as pessoas a agir: muitas vezes, é quando se sentem culpadas que elas constatam que precisam parar de engordar, de fumar, que devem evitar o sedentarismo, ter uma alimentação equilibrada e, em seguida, por que não?, que convém seguir os conselhos da psicologia positiva, que surfa às mil maravilhas sobre o individualismo contemporâneo. Aposta-se então no registro narcísico de uma sociedade na qual a preocupação consigo mesmo se expressa na ética da autenticidade, na busca frenética do bem-estar pela alimentação saudável, pela ecologia, pelos esportes ao ar livre, as academias de ginástica, os medicamentos alternativos, os óleos essenciais, as dietas, as psicoterapias de todo tipo, e mesmo a filosofia. Mas esse esforço permanente para estar feliz, em plena forma, bem de mente e de corpo, acaba se tornando extenuante, como demonstram hoje muitas pesquisas empíricas. Em relação a isso, veja o livro de Mickaël Mangot, *Heureux comme Crésus?*[5] [Feliz como Creso?], que, complementando essa constatação, fornece numerosas referências:

> A busca pela felicidade não pode, contudo, tornar-se uma obsessão. Paradoxalmente, as pessoas mais envolvidas em uma busca ativa pela melhoria de sua felicidade tendem a sofrer o efeito bumerangue e a ver sua felicidade acabar refluindo. Da mesma maneira, as pessoas que mais valorizam a felicidade são, em média, menos felizes do que as outras e mais inclinadas a entrar em depressão. São cada vez mais conhecidos os mecanismos que condenam ao fracasso a busca ativa pela felicidade. Em primeiro lugar, avaliando-se constantemente, as pessoas em busca de felicidade se impedem de estar presentes ao instante e de saborear os prazeres da vida. Em segundo, por visarem a uma felicidade excessivamente elevada, essas pessoas se destinam a acabar decepcionadas. Por fim, empenhando-se em uma busca individual, elas tendem a se desconectar das outras e, assim, a se distanciar de um componente essencial da felicidade.

Os estudos de campo, citados pelo autor, confirmam esse diagnóstico. Aliás, os títulos deles são edificantes: "A busca da felicidade pode tornar as pessoas infelizes? Efeitos paradoxais da valorização da felicidade", ou ainda: "A busca e a avaliação da felicidade podem ser autodecepcionantes". Há mais, porém: as investigações dos pesquisadores americanos mostram também que aqueles que asseguram ser "plenamente felizes" são muitas vezes afetados por patologias mentais severas que os conduzem a fracassos desastrosos:

> Os pesquisadores observaram que, em certas situações, as pessoas que exibem o nível máximo de felicidade declarada (10/10) parecem sofrer as consequências negativas disso. Por exemplo, elas fazem estudos menos brilhantes que os das pessoas moderadamente felizes, ganham menos, têm mais dificuldade de conseguir emprego e exibem um índice superior de mortalidade. Uma explicação para isso é que o nível crônico de felicidade extrema, frequentemente sinal de patologia mental, acarreta uma superestimação das próprias competências, uma subestimação dos perigos e uma inibição menor diante dos riscos a assumir. Tais fatores podem impedir essas pessoas de adaptar adequadamente seu comportamento às características do ambiente.

A busca frenética pela felicidade seria então pura ilusão?

O certo é que, como sugeri no início, teríamos todo o interesse em compreender que aquilo que nos faz mais felizes é também o que pode nos tornar mais infelizes. E, a partir daí, a sabedoria talvez residisse em dizer: "o prazer, sim, a alegria, sem dúvida, uma certa serenidade, por que não?". Mas a felicidade como um estado permanente que a pessoa ganharia por si só, inclusive num mundo infeliz, não, mil vezes não. Essa ilusão funesta, tirânica, deve ser combatida em nome da lucidez... e, mesmo em nome de uma relativa felicidade, se nos apegarmos a essa palavra. Com toda a evidência, o "felicidadismo" peca de maneira dramática por seu lado visceralmente antitrágico, por sua recusa obstinada a compreender o que os gregos haviam compreendido, e que vinha em contraponto ao seu eudemonismo, a saber: que o real comporta sempre sua parte de sombra, que não existe felicidade eterna, mas somente alegrias menos ou mais duradouras. Nesse sentido, a noção de "vida boa" que muitas vezes analisei em meus livros não é em absoluto idêntica à de felicidade. Inclino-me a pensar que o que nos livra da angústia na existência é a lucidez, embora às vezes seja rude, mais do que a ilusão, mesmo quando é doce. Ou seja, o amor, a liberdade e o conhecimento, e não uma pseudofelicidade obtida por si mesma, sabendo que essas três dimensões da existência não fazem, nem necessariamente nem sempre, alguém feliz, longe disso. Os momentos de felicidade e de serenidade são por essência, entre os simples mortais que nós somos, tão frágeis quanto efêmeros — o que aliás é simplesmente mais uma razão para buscá-los, saboreá-los e preservá-los tanto quanto possível.

Daí o projeto deste livro: identificar tanto quanto possível o que nos faz felizes na lucidez, o que nos regozija sem ocultar o sentido do efêmero; por conseguinte, visar às alegrias mais simples, mais do que a uma felicidade individual obrigatoriamente fictícia. Sete verbos nos servirão de fio condutor: amar, admirar, emancipar-se, ampliar os horizontes, aprender e criar, e agir.

2. Amar

Felicidade e infelicidade de amar

Por que o amor nos deixa felizes, loucos de felicidade, e por que nos deixa também infelizes, loucos de desespero? Nada é comparável à ventura suscitada pelas diferentes formas do amor: a paixão amorosa, claro, mas também os vínculos com nossos filhos, sem esquecer as alegrias incomparáveis de uma amizade longínqua – menos passional do que o estado amoroso, mas, com frequência, mais sólida e mais serena. O amor, claramente, é o que dá sentido à nossa vida, pois uma vida sem afeição não valeria grande coisa. Mas a perda do ser amado, sob qualquer forma que seja – divórcio, separação, luto –, é também o que nos afunda na maior infelicidade, fato que mais uma vez confirma o caráter demasiadamente ingênuo, para não dizer superficial, das filosofias que pregam a felicidade mediante um trabalho sobre si mesmo.

Tais constatações, que poderíamos considerar banais, não deixam de ter uma consequência que de banal não tem nada: uma vez que toda alegria tem por objetivo, como dizia Nietzsche, a eternidade ("*alle Lust will Ewigkeit*"), parece que, desde os tempos mais remotos, os grandes mitos amorosos jamais puderam dispensar uma relação com o além, uma aspiração ao ilimitado, e mesmo à imortalidade. Qualquer que seja o ângulo pelo qual encaremos o problema, o drama amoroso sempre se tece sobre o fundo de uma relação com a morte ou com aquilo que poderia sobrepujá-la. A tal ponto que somente a promessa do infinito parece ser capaz de tornar a paixão feliz sem um prazo de validade. O horizonte da separação, embora tão irreversível quanto inevitável no universo dos mortais, sempre vem estragar a felicidade que sentimentos harmoniosos e compartilhados poderiam nos trazer. Se quisermos desmentir Louis Aragon e rejeitar sua afirmação de que "não existe amor feliz", devemos então, como nos convida o episódio da ressurreição de Lázaro no Evangelho de João, colocar toda a nossa esperança na aposta de reencontro post mortem com o ser amado e acreditar na promessa de um "amor mais forte do que a morte"?

Para o não crente, essa esperança é um engodo, uma ilusão nascida simplesmente da tentação de acreditar nela. Ainda assim, é tão forte que nós a encontramos desde o alvorecer dos tempos, sob diversas formas, bem antes até do nascimento do cristianismo, em todos os mitos amorosos: na epopeia de Gilgamesh, no século XVIII antes de Cristo (ainda que a busca da imortalidade se conclua, aqui, por um fracasso), ou na lenda de Eros e Psiquê, contada por Apuleio em seu romance *O asno de ouro*. Nesta última, ao contrário, essa busca é bem-sucedida, pois Psiquê é elevada por Zeus ao nível de imortal — o que fará desse mito um dos raros, dentro do mundo antigo, em que a paixão não se dissolve na catástrofe da separação definitiva e irreversível.

Daí, também, a dimensão propriamente mística das duas grandes narrativas que vão dominar a Idade Média e a era clássica, encarnando-se nas figuras opostas de Tristão e Isolda de um lado, e Don Juan e suas conquistas de outro. Essas duas histórias se tornam incompreensíveis se não percebemos a dimensão religiosa que as habita como pano de fundo. Sem essa dimensão, como acabamos de sugerir, jamais pode haver amor feliz. Excelente razão para começarmos por estudar um pouco mais essas duas grandes narrativas.

A DIMENSÃO RELIGIOSA DOS MITOS DE TRISTÃO E DE DON JUAN, OU O FRACASSO DA PAIXÃO SEM A ETERNIDADE

Primeiro, vejamos o lado de Tristão.

Embora o mito criado – ou pelo menos registrado por escrito – no século XII não dependa exatamente da tradição do amor cortês (em especial, porque os dois amantes consumem fisicamente sua paixão, o que a "cortesania" proíbe, mas também porque traem constantemente o seu suserano), é nesse contexto que ele se insere. De fato, segundo a lógica amorosa do "suspirante", o ser amado é tudo, e em relação a ele o amante não é nada, é apenas um suspiro. O ser amado é o sagrado; o suspirante, o profano. Na mitologia de Don Juan, porém, acontece o contrário: quem é tudo é o sedutor, ao passo que o outro não é nada, não é uma pessoa de verdade, mas somente uma silhueta; um perfil de moça no horizonte, em uma praia, no campo, uma imagem feminina que Don Juan se prepara para possuir, consumir e depois abandonar para passar a uma outra.

A lenda de Tristão e Isolda teve muitas versões diferentes, quase todas escritas entre os séculos XII e XIII, portanto em plena ascensão do amor cortês – ainda que, como acabo de sugerir, a relação entre os dois amantes nem sempre tenha a ver com a cortesania tal como é definida na época. A matriz original, de Béroul – um autor normando sobre o qual se tem pouquíssimas informações –, foi redigida em 1170. Em alto normando, sua língua de origem, é quase indecifrável para nós hoje, mas existe uma tradução publicada na coleção Le Livre de Poche, em uma edição bilíngue que permite degustar o sabor do original. Após Béroul, os amores de Tristão e Isolda conheceram várias outras redações, especialmente as de Maria de França e de Tomás da Inglaterra, ambos da segunda metade do século XII. Mais tarde, dois manuscritos nos são propostos: um em Berna, o outro em Oxford, intitulados "La folie Tristan", literalmente "A loucura Tristão", pois contam como nosso enamorado se finge de "insensato" para encontrar sua bela. Segue-se ainda todo um conjunto de outras narrativas inspiradas no mesmo modelo, especialmente na França, Alemanha, Noruega e Inglaterra, comprovando assim o extraordinário sucesso da obra de Béroul. Entre as tentativas relativamente recentes de sintetizar essa vasta literatura, a de Joseph Bédier, em 1900, prevaleceu por muito tempo, mas eu preferi seguir a que René Louis elaborou em 1972,[1] porque me parece evidenciar particularmente bem os principais aspectos trágicos do drama. Esclareçamos que, ao contrário das sínteses tentadas por Bédier e Louis, nenhuma das versões originais comporta todos os episódios do drama, de modo que somos obrigados a passar por recomposições, se quisermos ter em mente os momentos de maior destaque.

Pois bem, sob o ponto de vista teológico, o amor cortês – e, ao menos nesse aspecto, o mito de Tristão se aproxima dele – pertence claramente a uma das categorias fundamentais da experiência humana: a mística. Nele, encontramos os dois ingredientes essenciais dessa abordagem singular do religioso: de um lado, a exigência da "saída de si", da colocação entre parênteses do ego erótico, dominador, ciumento e possessivo; de outro, um ideal ascético ligado ao projeto da fusão no Outro, no Absoluto, o primeiro traço servindo ao segundo. É somente pela anulação do próprio eu, da subjetividade egocentrada, e portanto, em última análise, pela morte, pela supressão de si, que o amante pode ter esperança de ir ao encontro do Outro, de conseguir fundir-se no sagrado que o amado encarna. Para falar a linguagem de Hegel, é pela negação de um dos dois termos – e, evidentemente, só pode tratar-se do termo profano, no caso o do suspirante – que o amante e o amado, o finito e o infinito, o relativo e o absoluto, o mortal e o imortal, em suma, o humano e o divino podem se fundir – pelo que essa figura do amor está forçosamente fadada à infelicidade. Se a paixão amorosa nos deixa loucos de felicidade, essa ventura é apenas efêmera, pois se trata realmente de um momento de loucura, portanto, de instantes de alegria forçosamente passageiros, fadados ao fracasso. É na morte que Tristão e Isolda se reencontrarão no final da história, como indica de maneira impressionante o último episódio da lenda. Nele, vemos uma sarça brotar do ataúde de Tristão e penetrar no de Isolda (ou dois arbustos, uma videira e uma roseira, se entrelaçarem acima do túmulo deles, de acordo com outras versões), sem que a partir de então nada possa quebrar esse vínculo para separá-los. O misticismo se conclui sempre pela anulação de si, pela supressão de um dos termos, ou mesmo dos dois, pois essa anulação é a condição necessária da fusão no Outro. Aqui, não é o eu, o ego, que é preciso libertar, mas é preciso se libertar dele, de modo que a morte é a libertação suprema, a emancipação final diante dessa ilusão funesta, dessa prisão que é o indivíduo, dessa ficção que se toma por uma realidade, que se imagina livre e autônoma. Portanto, somente na morte os dois amantes poderão se reencontrar, e a aliança da videira e da roseira aparece assim como a derradeira lição da narrativa. Sem dúvida, o suspirante sempre acaba dando seu último suspiro, mas a mensagem que se desprende do mito é que o amor é mais forte do que a morte, mais uma vez uma maneira de dizer que ele de fato exerce aqui o papel do verdadeiro sagrado, do Eterno, e nisso se aparenta ao próprio divino.

Veremos como, sob esse ponto de vista, a mitologia de Don Juan representa a figura perfeitamente inversa à de Tristão.

DON JUAN, O ANTICRISTO, O SEDUTOR E O MORALISTA, OU POR QUE O AMOR ERÓTICO TAMBÉM NÃO É FADADO À FELICIDADE

A primeira aparição do personagem de Don Juan é bem mais tardia do que a de Tristão. Será preciso esperar o século XVII, mais exatamente o ano de 1630, para encontrá-lo em uma peça de teatro, a do monge espanhol Tirso de Molina: *El burlador de Sevilla o El convidado de piedra* [*O trapaceiro de Sevilha ou O convidado de pedra*]. A peça será retomada e adaptada na Itália, em seguida na França, em 1659, por Dorimon, e em 1660 por Villiers, antes de ser relida por Molière em 1665, e depois por Mozart em 1787, a partir do libreto de Lorenzo da Ponte. Desde então, o tema de Don Juan será infinitamente explorado por escritores e artistas – de Gluck, Liszt, Tchaikóvski, Fragonard, Delacroix, Hoffmann, Byron, Balzac, Púchkin, Mérimée, Baudelaire ou Dumas até Éric-Emmanuel Schmitt ou Peter Handke hoje, passando por Apollinaire e Montherlant. Além disso, as adaptações para cinema se multiplicaram ao longo de todo o século passado – lembramos isso para sublinhar a fortuna incomparável desse mito sobre o qual já sugeri ser o inverso do de Tristão. Daqui a pouco, veremos em quê.

Para além de suas divergências, as principais versões originais, as dos "três M" – Molina, Molière e Mozart –, dão ao personagem principal características que se mostram bem semelhantes: dominado pela lógica de Eros, Don Juan é voltado para o puro prazer, o sexo, o hedonismo; seduz por seduzir, é totalmente egocêntrico, manipulador, astucioso e cínico; é não somente um imoralista que debocha das convenções, das regras sociais, da distinção entre o bem e o mal, entre o profano e o sagrado, mas também um materialista, não um simples ateu, mas na verdade um anticristo que zomba de todas as formas de transcendência. Assim ele se aproxima do demônio, de quem possui ao mesmo tempo as qualidades de sedução e a vontade de desafiar Deus, a morte e o além – o que lhe será fatal, é claro. O romantismo tentará dar a Don Juan uma imagem de totalmente diferente, mais piegas, de um homem afinal "não inteiramente mau", mas sim torturado pela paixão – aqui, deixo essa versão de lado, pois o que me interessa é o mito original.

Por quê?

Porque ele encarna uma figura da vida amorosa sobre a qual são possíveis duas interpretações. Podemos ver nele a prefiguração de uma atitude muito atual, um antegozo desse individualismo volátil e narcísico que adota o princípio do prazer como única linha de conduta. De fato, em tais condições não há nenhum compromisso, nenhuma promessa válida, pois a lei do desejo é a única regra de vida, e tudo serve para satisfazê-la. É possível encontrar no personagem, entretanto, uma figura mais profunda e mais antiga, a do trágico diretamente ligado às contradições intrínsecas que são as de Eros. Foi assim que Kierkegaard, numa interpretação curiosamente muito hegeliana (digo "curiosamente" porque Kierkegaard literalmente detestava o hegelianismo), compreendeu o personagem e usou-o como pilar principal de sua famosa doutrina dos três estágios: o estágio estético (Don Juan), o estágio ético (Kant) e o estágio religioso (Jesus).

O assunto merece mais atenção. Para começar, em que consiste exatamente esse famoso "estágio estético", cujo emblema seria o personagem de Molina? Para defini-lo, Kierkegaard pega emprestado de Hegel a descrição deste sobre a ironia romântica. Expliquemos.

A ironia é a atitude que consiste em zombar de tudo, em pretender exercer sobre qualquer assunto uma liberdade soberana "negando", ridicularizando todos os conteúdos que passam ao alcance da mão. Zomba-se então das convenções, da moral, do espírito da época, dos grandes personagens, mas igualmente da vulgaridade, da religião, da morte, das desgraças e das vicissitudes da existência. Com isso, a pessoa imagina ser uma mente superior, situada acima dos outros e de tudo, dotada de uma liberdade tão elevada que nada pode atingi-la nem concorrer com ela. A dialética hegeliana consiste em mostrar — e essa é a primeira crítica que se pode dirigir também a Don Juan — que essa suposta liberdade soberana se transforma em seu oposto: na verdade, revela ser uma forma de dependência, até mesmo uma espécie de vício, na medida em que não pode abrir mão dos conteúdos que deve negar, mas que lhe vêm do exterior e que ela não produz por si mesma. É preciso renová-los constantemente: a ironia precisa sempre de um novo alvo, assim como Don Juan precisa de uma nova conquista. Desse modo, assim como um drogado que não pode viver sem sua dose, Don Juan e a ironia, longe de serem soberanos, estão na dependência mais servil: no caso do primeiro, a dependência em relação às mulheres, as quais é preciso incessantemente recomeçar a seduzir, a conquistar, a "consumir", e depois a abandonar, em um processo sem fim (o que Hegel denomina o "infinito mau"). Mede-se aqui quanto, segundo o famoso processo que Hegel denomina "dialética", a suposta liberdade originalmente reivindicada na verdade se transforma em seu oposto, em uma dependência absoluta em relação a seres e conteúdos exteriores a si mesmo, com o que a autonomia cede a vez a uma heteronomia radical.

Alguém poderia argumentar que, afinal, essa dependência, esse "infinito mau" é prazeroso para Don Juan, que é a escolha dele, que não se pode julgá-lo a partir de fora. Por essa razão, uma segunda crítica logo vem reforçar a primeira. Não somente a suposta liberdade de Don Juan se transforma em dependência, assim como a do alcoólatra que se crê livre mas na verdade sucumbe à substância da qual é escravo, como também há mais: o tempo de Don Juan é o da consumação pura, e portanto o da morte. Reencontra-se aí uma análise do prazer que já havia sido feita por Epicuro e por Pascal.

A ESPIRAL DOS PRAZERES ARTIFICIAIS NOS APROXIMA DA MORTE

De fato, segundo Lucrécio* e Pascal, é o medo da morte que secretamente nos impele para o "divertimento", para o consumo sem fim e os prazeres artificiais. Contudo, segundo um paradoxo de profundidade verdadeira, é justamente esse consumismo que vai nos tornar ainda mais mortais do que nunca, pois nos mergulha cada vez mais na dependência. O que é um drogado? É alguém que, transposto certo limite, não consegue deixar de aumentar as doses nem a frequência do uso. Lucrécio afirma quase nesses termos: quem é viciado no consumo é como aquelas crianças que cobiçam um brinquedo e, quando finalmente o possuem, logo se

* Lucrécio, em *De rerum natura* (*Sobre a natureza das coisas*), foi quem promoveu a filosofia de Epicuro. (N. E.)

cansam dele e o descartam para pegar outro brinquedo, depois um terceiro, um quarto etc. Dessa maneira, a criança mimada passa de objeto em objeto, como Don Juan passa de mulher em mulher, e o drogado, de dose em dose. E essa corrida rumo à felicidade artificial o impede de alcançar a verdadeira serenidade. Por quê? Porque jamais nos permite habitar o presente e, por isso mesmo, chegar à sabedoria, à serenidade que supõe uma vitória sobre os dois males que pesam sobre a vida humana: o passado e o futuro. Sábio é aquele que consegue viver o instante, contentar-se com um presente que já não é relativizado pelo passado nem pelo futuro e que, por essa razão, se transforma em um fragmento de eternidade.

Para chegar a isso, é preciso justamente abster-se desses prazeres artificiais que nos ancoram em uma temporalidade efêmera: a da fuga para o futuro. A vida daquele que está mergulhado na dependência se assemelha, nos diz Lucrécio, ao tonel das Danaides — jamais pode ser enchido, satisfeito, pois nunca ama aquilo que tem e deseja incessantemente aquilo que não tem. As Danaides, vale lembrar, são as cinquenta filhas de Dânao. Este lhes ordena matar, durante a noite de núpcias, os cinquenta primos com quem vão se casar. Quarenta e nove delas cedem à exigência de seu pai. São então punidas no Inferno, por Hades: devem encher sem parar uma jarra furada, que se esvazia continuamente. Segundo Lucrécio, o homem rico, que cede à lógica do consumo, está em permanente insatisfação, assim como as Danaides.[2]

Eis por que, segundo Kierkegaard, é preciso abandonar Don Juan ao seu triste destino e passar aos outros dois estágios: o da ética, que já tem o mérito de tentar pacificar a vida dos Homens, e por fim o estágio religioso, o único a de fato dar sentido ao sentido, permitindo-nos definir a significação última da existência humana. Não vou me estender sobre esses dois derradeiros estágios, que nos afastariam de nosso tema; simplesmente destacarei que a verdade de Don Juan se situa de fato, como havia visto Kierkegaard, na estrutura contraditória e, portanto, decepcionante de Eros. É por isso que este último deve se superar em direção a outras formas de amor e se inscrever na dimensão da eternidade, se quiser alcançar a felicidade. Esse é o tema principal de outro mito bem mais antigo, o de Eros e Psiquê, que Apuleio narra em *O asno de ouro*.

"*ALLE LUST WILL EWIGKEIT*" (TODA A ALEGRIA QUER A ETERNIDADE): OS AMORES DE EROS E PSIQUÊ

Conhecemos o relato da paixão dos dois amantes através de um texto bem estranho, as *Metamorfoses* de Apuleio, um romancista filósofo do século II (123-170 d.C.) que escreve em latim. Sua obra, que foi apelidada de *O asno de ouro* por santo Agostinho, conta a fantástica história de um aristocrata, um certo Lúcio, que se vê metamorfoseado em asno pela imperícia de sua amante, uma mágica iniciante. E, como mais tarde é narrado pela condessa de Ségur em *Memórias de um burro*, o infeliz passa por uma série de aventuras menos ou mais desastrosas, ao longo das quais, para recuperar sua forma inicial, deve (singular remédio) comer uma grande quantidade de rosas. O livro, que por um lado toma empréstimos das *Metamorfoses* de seu ilustre predecessor, Ovídio, originou numerosas interpretações. Ora viu-se nele uma fábula cômica, ora um romance embrionário, um ancestral daquilo que mais tarde os românticos alemães chamarão *Bildungsroman*, romance de "formação". Deixarei de lado esses debates para me ocupar somente da passagem (livros V a VII) em que Lúcio conta a famosa lenda de Psiquê (a alma) e Eros (o amor-paixão), identificado, no caso, à sua vertente latina, Cupido, e apresentado na versão de Apuleio como filho de Afrodite (Vênus) e enteado de Ares (Marte), o deus da Guerra.

Eis a substância de sua narrativa, que aqui me limito a resumir em grandes pinceladas para extrair dela somente a lição filosófica relativa à nossa questão, a da felicidade.

Tal como será mais tarde a maldosa madrasta de Branca de Neve, que sem dúvida ainda fica muito a lhe dever, Vênus se sente devastadoramente ofendida quando toma conhecimento de que uma jovem, Psiquê, é considerada por seu povo como tão bela quanto ela, ou até mais. Psiquê é filha de um rei e tem duas irmãs, que são até bonitinhas, mas cuja beleza é literalmente eclipsada pela sua, a tal ponto que as duas também ficam secretamente loucas de inveja daquela que se tornou uma rival. Multidões se acotovelam para vir admirar a formosura incomparável da jovem, alguns até convencidos que se trata de Vênus em pessoa. Trazem-lhe oferendas, celebram sacrifícios em sua homenagem, o que leva a deusa ao cúmulo da exasperação. Um dia, Vênus não aguenta mais. Tomada por uma raiva que lhe devora a alma, ela ordena ao seu filho, o jovem Eros, que castigue a bela fazendo-a se apaixonar pelo ser mais desprezível, mais feio, mais maldoso e mais pobre do reino!

Pois Psiquê, apesar de sua beleza, ou talvez justamente por causa disso, não consegue se casar, ao contrário das irmãs. Parece que ela amedronta os homens: estes vêm vê-la, mas, quando se afastam, dizem a si mesmos, balançando a cabeça: "Bonita demais para mim...". Então, seus pais, o rei e a rainha, vão consultar o oráculo, que, por ser a voz dos deuses, não pode senão confirmar a vontade de Vênus. À informação, acrescentam-lhe alguns detalhes terríveis: o pai deverá amarrar a filha a um rochedo e, assim como aconteceu a Andrômeda na lenda de Perseu, um monstro abominável, na verdade uma "criatura serpentina", diz o texto de Apuleio, virá levá-la. Como os oráculos dizem sempre a verdade, o leitor compreende que o monstro abominável deve ter alguma relação com o Amor, com Eros, pois afinal é ele que, traindo as ordens da mãe, vai levar consigo e desposar a jovem.

Analisemos um pouco os infortúnios de Psiquê. Embora ela seja belíssima, ninguém a deseja. Pergunta: por quê? A resposta se impõe: Psiquê é a alma, não o corpo, e, mesmo que tenha uma beleza incomparável, ainda não é "sexy". Ela não é verdadeiramente desejável no sentido erótico do termo simplesmente porque, pela própria natureza, é de certo modo desencarnada. É a essência de seu ser que assim o quer, pois por enquanto, ainda privada de Eros, ela é somente uma alma sem um corpo, e aliás é por isso que é mais bela do que todas as outras mortais: seu invólucro exterior não passa de uma imagem do que ela é por dentro. A beleza e o sexo, a perfeição formal e o desejo carnal não são da mesma ordem. Ou, para dizer as coisas mais diretamente: é possível ser feio e sexy, assim como é possível ser bonito e no entanto incapaz de suscitar o desejo ardente que somente Eros poderá trazer a Psiquê unindo-se a ela. Observe-se também que o leitor da época logo compreende que evidentemente trata-se de Eros, do amor, que o oráculo fala quando evoca um "monstro serpentino". Não é preciso ter lido Freud para captar o sentido do símbolo. É de fato Eros que é visado e descrito aqui pela Pítia de Apolo. É ele o ser terrível que transtorna tudo, que inflama os corações, que leva a assassinatos, que reina não somente sobre os mortais mas também nos infernos, inclusive sobre os próprios moradores do Olimpo, a começar por Zeus, que, como todos sabem, só pensa "naquilo" e cede a paixões amorosas mais frequentemente do que deveria.

Resumamos brevemente a continuação da história antes de chegarmos ao essencial, que é a mensagem filosófica que ela transmite.

Eros vai levar consigo a bela e, contra toda expectativa, ele não tem nada de monstruoso, muito pelo contrário. Desse modo, perdidamente apaixonada, Psiquê descobre o Amor físico e engravida. Toda noite, o pequeno deus do amor a encontra em seu leito, sempre na mais total escuridão, no interior de seu maravilhoso palácio de mármore branco e dourado, mas exige dela o juramento de que jamais tentará vê-lo. Assim como a morte e o sol, de acordo com Heráclito, o sexo não pode ser olhado de frente. Por pura inveja, as maldosas irmãs de Psiquê acabam por convencê-la a trair sua promessa e olhar o amante enquanto ele dorme. Roída pela curiosidade, a moça se rende aos argumentos das irmãs e, certa noite, enquanto Eros dorme ao seu lado, acende uma lamparina e a aproxima do rosto dele. O que descobre é totalmente arrebatador: o mais belo jovem de toda a Criação. Trêmula de alegria, ela deixa cair uma gota de óleo ardente sobre a face de Eros, que acorda e jura com veemência que vai abandoná-la para sempre.

Começa então para Psiquê uma longa e sofrida errância. Não somente perdeu o amor de sua vida, como Vênus a encontra e a faz pagar caro, com todo tipo de torturas físicas e psíquicas, por uma união que ela jamais tolerou para seu filho. Por fim, como a Bela Adormecida, Psiquê é mergulhada num sono profundo. É então que o próprio Eros, finalmente curado da queimadura, que havia infeccionado, por sua vez toma consciência dos sentimentos que experimenta por sua mulher, e não aguenta mais. Na verdade, está loucamente apaixonado por Psiquê e não consegue se recuperar da separação. Abrindo as asas, ele voa até o Olimpo a fim de falar diretamente com Zeus e lhe suplicar que acabe com seus sofrimentos. Sabe-se que Zeus ama o amor, e por isso não consegue recusar nada a esse pequeno companheiro de toda a sua vida. Então, deixa Eros descer de volta à terra e usar a ponta de sua flecha para despertar a bela adormecida. Para acalmar Vênus, que se queixa por seu filho ter desposado uma simples mortal, contraindo assim um casamento morganático, Zeus eleva Psiquê ao nível de imortal. Esta é, no sentido próprio, a apoteose da lenda: Zeus a transforma em uma divindade, e ele mesmo celebra o casamento da jovem com Eros. Dessa união nascerá pouco depois uma encantadora menina, cujo nome não surpreenderá ninguém, pois se chama "Volúpia" e se tornará a deusa dos Prazeres do Amor...

O que esse mito significa?

Primeiro, que Psiquê, como já destacamos, de início é a alma sem o corpo, o espírito sem a matéria, a beleza sem a sensualidade. A mensagem do conto é totalmente clara: somente em sua união com Eros é que ela chega a conhecer o verdadeiro amor, aquele que conduz ao prazer e à gestação, o que é simbolizado pelo nascimento de Volúpia. Mas a segunda lição da narrativa é ainda mais essencial e vai ao encontro do que já dissemos sobre o mito de Tristão: somente no elemento da imortalidade é que o amor pode desabrochar e levar à felicidade. No mundo real, mortal, Louis Aragon tem razão: não existe, não pode existir amor feliz, pois o amor implica fatalmente o apego, e, quanto mais forte é este último, mais dolorosa será a inevitável separação do ser amado. Daí a mensagem das sabedorias antigas, do estoicismo ao budismo, passando pelo taoismo, que recomendam vigorosamente o "não apego".

No fundo, a teologia cristã do casamento se inscreve na mesma lógica que a de Eros e Psiquê. Como no relato de Apuleio, ela nos promete que o amor se desenvolve sobre um fundo de imortalidade, ao menos desde que seja, segundo a bela frase de Agostinho, "amor em Deus", e não fora dele. Sob esse ponto de vista, o cristianismo aparece de fato como uma das raras doutrinas capazes de inscrever a paixão amorosa no horizonte de uma felicidade duradoura; só que, evidentemente, para essa ventura existe uma condição: é preciso ter fé.

O CRISTIANISMO, ÚNICO AO NÍVEL DA PROMESSA DE FELICIDADE COM QUE O AMOR SEDUZ. A TEOLOGIA DO CASAMENTO, OU EROS AMPLIADO POR ÁGAPE

Contrariamente a uma ideia preconcebida, porém falsa, a finalidade principal do casamento na teologia cristã não é transmitir um sobrenome e muito menos assegurar a continuidade de uma linhagem. Trata-se, antes de mais nada, de salvar as relações entre mortais, de pensá-las de maneira duradoura sobre um fundo de felicidade. Ao contrário daquilo que os adversários do casamento gay repetiram à exaustão, o assunto envolve menos uma questão de sociedade (garantir a segurança dos núcleos familiares) do que uma problemática metafísica, a da Salvação, ela mesma ligada a uma teologia do amor. Rigorosamente, este último deveria ser reservado ao Eterno. "Se existe um Deus", diz Pascal, "só ele deve ser amado, e não as criaturas passageiras." Reencontramos aqui o famoso tema dos "dois amores": o amor a si mesmo até chegar ao desprezo por Deus, o amor a Deus até chegar ao desprezo por si mesmo. Em santo Agostinho, a desconfiança em relação aos apegos humanos é justificada: "Tudo se deteriora neste mundo. Tudo está sujeito ao declínio e à morte. Quando se trata de criaturas mortais, convém que minha alma não se apegue a elas por um amor que a mantém cativa".

Apegar-se àquilo que passa é loucura. Como diz ainda santo Agostinho àqueles que se deixam levar pela paixão amorosa: "Vós buscais uma vida feliz na região da morte; não a encontrareis aí em absoluto. Como se poderia encontrar a vida feliz onde sequer existe a vida?". Ligar-se ao efêmero é um erro e uma falta: um erro, pois é derramar água na areia, e uma falta, pois o amor de concupiscência não é senão uma forma insidiosa daquele amor a si mesmo que se desenvolve em detrimento do amor a Deus.

Que não devamos apegar-nos àquilo que passa, como recomendam desde sempre budistas e estoicos, muito bem. É compreensível. Mas por que isso seria necessário quanto ao que não passa? E não é essa, justamente, toda a originalidade da mensagem cristã, a de nos anunciar a "boa-nova", a da ressurreição não somente das almas, mas indiscutivelmente dos corpos, das pessoas reais? Enquanto, para um estoico ou um budista, o indivíduo é somente uma ilusão, e o ego, um agregado provisório fadado a se dissolver na totalidade cósmica, o cristianismo nos promete a imortalidade pessoal, do corpo e da alma, uma vez que somos salvos pela graça de Deus. Este é o sentido do famoso episódio da ressurreição de Lázaro, que instaura a doutrina do "corpo glorioso": o amor é mais forte do que a morte, é ele que salva, que devolve a vida à carne pútrida e decomposta do amigo de Cristo. Com isso, o amor, inclusive o de apego, torna-se lícito, desde que, dirigido àquilo que nas criaturas é imortal, seja amor "em" Deus, isto é, amor ligado pela fé àquilo que dá a vida eterna.

Eis o autêntico significado do casamento para os verdadeiros cristãos. A fidelidade e a monogamia são apenas, como sublinha Bento XVI em sua primeira encíclica ("Deus é amor"),[3] o reflexo do monoteísmo. Agostinho já era claro nesse ponto: "Senhor, bem-aventurado aquele que vos ama e que ama o ser amado em vós, pois somente ele não perde nenhum daqueles a quem ama, se os ama naquele que jamais se pode perder". Os homens são mortais, é certo, mas não se viverem na fé, na esperança e na caridade (*agápē*, o amor autêntico). Daí enfim, no cristianismo, uma ideia muito próxima daquela transmitida pelo mito de Eros e Psiquê, ideia que Bento XVI, em sua encíclica, formula da seguinte maneira:

> O homem torna-se verdadeiramente ele mesmo quando o corpo e a alma se encontram em íntima unidade; o desafio do *eros* pode considerar-se verdadeiramente superado quando se consegue esta unificação. Se o homem aspira a ser somente espírito e quer rejeitar a carne como sendo uma herança apenas animalesca, então o espírito e o corpo perdem sua dignidade. E se ele, por outro lado, renega o espírito e consequentemente considera a matéria, o corpo, como a realidade exclusiva, perde igualmente a sua grandeza. [...] Somente quando ambos se fundem verdadeiramente numa unidade é que o homem se torna plenamente ele próprio. Só deste modo é que o amor — o *eros* — pode amadurecer até a sua verdadeira grandeza.

Uma vez sendo completado pelo amor desinteressado, por *agápē*, associado a ele e englobado por ele, *érōs* mudará de natureza, mas sem com isso desaparecer em uma renúncia qualquer:

> Embora o *eros* seja inicialmente sobretudo ambicioso, ascendente — fascinação pela grande promessa de felicidade —, depois, à medida que se aproxima do outro, far-se-á cada vez menos perguntas sobre si próprio, procurará cada vez mais a felicidade do outro, preocupar-se-á cada vez mais dele, doar-se-á e desejará "existir para" o outro. Assim se insere nele momento da *ágape*; do contrário, o *eros* decai e perde mesmo a sua própria natureza.

Do ponto de vista do crente, a união entre *érōs* e *agápē* só pode acontecer dentro de uma perspectiva religiosa na qual tudo começa, como diz ainda a primeira epístola de João que serve de fio condutor às reflexões de Bento XVI, pelo amor totalmente gratuito que Deus tem por nós. É *érōs* quem nos conduz a esse amor que, uma vez encontrado na experiência da fé, pode ser "devolvido" ou retribuído por nós, os simples humanos, sob a forma de *agápē*. Então, uma vez bem-sucedida essa união, *érōs* se cumpre no casamento, cuja significação mais profunda, sob o ponto de vista teológico, é a seguinte: a promessa de unicidade e de eternidade que lhe é essencial faz dele o análogo humano da unicidade do divino:

> O casamento monogâmico corresponde à imagem do Deus do monoteísmo. O casamento baseado em um amor exclusivo e definitivo se torna o ícone da relação de Deus com seu povo, e vice-versa: a maneira pela qual Deus ama se torna a medida do amor humano. Esse vínculo estreito, na Bíblia, entre *érōs* e o casamento, praticamente não encontra paralelo fora da literatura bíblica.

Como em Platão, embora em um sentido um pouco diferente, em última instância é o divino que nós buscamos através da promessa de felicidade e de eternidade com a qual *érōs* nos atrai. É ainda o divino que nos permite, quando o "reconhecemos e acreditamos nele", como diz João, sair de nós mesmos, de nosso egoísmo, fecundar *érōs* associando-o a *agápē* e, de modo mais geral, devolver aos outros aquilo que recebemos, restituir por nossa vez esse *agápē* que nos veio de Deus. Claro que, sob o ponto de vista cristão, tal harmonia entre os dois amores só é possível na fé, e não fora da religião — diferença em relação à filosofia laica, cujo alcance deixo o leitor medir.

COMO A QUESTÃO DA "FELICIDADE DE AMAR" NOS REMETE DE NOVO E SEMPRE À DA MORTE

Diante da morte e da contradição inevitável e dolorosa que ela implica em relação ao amor, quatro atitudes são possíveis.

Uma delas é não pensar no assunto, pois, seja como for, se acreditarmos na famosa frase de Heráclito, retomada alguns séculos mais tarde por La Rochefoucauld, "*nem o sol nem a morte podem ser olhados de frente*", de que adianta então nos preocuparmos? Essa é a atitude mais generalizada, a do comum dos mortais, que não pensam muito na morte a não ser quando ela bate à porta e arrasa esses que tão seguramente nunca pensaram em preparar-se para tal. É justamente daí que vem uma segunda atitude perfeitamente expressa na recomendação das sabedorias antigas, as dos epicuristas, dos estoicos e dos budistas: contrariamente ao comportamento comum, é preciso pensar com frequência na morte, é preciso preparar-se para sua chegada, que é inevitável. E, para conseguir isso, convém evitar se apegar, seja a pessoas ou a coisas, pois de todo modo teremos que nos desligar delas, mais dia, menos dia. Uma terceira estratégia é aquela que acabamos de descrever, a das grandes religiões que nos prometem "a morte da morte" e que, com isso, nos permitem pensar o amor sobre um fundo de felicidade, mas sob uma condição: ter fé.

Para quem não chega a ficar verdadeiramente convencido por uma ou por outra dessas três atitudes — o que é o meu caso —, resta apenas, diante do luto por um ser amado, luto que todos nós experimentaremos algum dia, pensar no seguinte: enquanto houver neste mundo alguém a amar, enquanto algum amor, real ou mesmo somente possível, subsistir nesta vida, ainda vale a pena vivê-la. Diante de um luto ou de uma separação, quando o ser amado nos deixa de uma maneira ou de outra, pensamos que tudo acabou, que finalmente aconteceu a catástrofe absoluta, total, aquela que pressentíamos e temíamos desde sempre. Ficamos convencidos de que ela vai nos aniquilar. Dois ou três anos depois, às vezes até menos, percebemos que estávamos enganados, que restam coisas a viver, porque restam seres a amar. Não pensem que eu aqui peco por otimismo ou leviandade. Sei que na vida de um ser humano também pode acontecer de realmente não haver mais nada a ansiar. Mas é raro. Na maioria das vezes, um amor retorna, há ainda um outro ali por perto. Se alguma pérola do cristianismo merece ser guardada, é de fato aquela segundo a qual é preciso "deixar os mortos enterrarem os mortos". Isso, contudo, supõe que saibamos construir o melhor que pudermos nesta vida, uma verdadeira sabedoria do amor. No plano pessoal, é claro, onde a questão moral, a do simples respeito por outrem, cede a vez a uma miríade de interrogações ligadas à vida espiritual. E nisso a filosofia, embora não possa declarar abertamente a morte à morte mais do que as religiões o fazem, conserva uma finalidade insubstituível: como viver no dia a dia com aqueles a quem amamos, sabendo que um ser, desde o momento em que nasce, já tem idade suficiente para morrer? Como fazê-los tão felizes quanto possível? Como evitar ou dissipar os conflitos? Como criar nossos filhos? Que dose de transparência é necessária num casal? Como transformar dentro dele o amor-paixão, que dura pouco, em uma ternura ou uma amizade amorosa mais duradoura?

É respondendo a essas questões que podemos tornar o amor tão feliz quanto possível, sabendo que, de todo modo, se não formos crentes, se não nos situarmos na perspectiva da imortalidade, é melhor fazer o mais cedo possível a distinção entre a alegria, que é real mas efêmera, e a felicidade, que se pretende eterna mas não passa de ilusão.

3. Admirar, ou por que a admiração nos deixa felizes?

Na sua origem, e até o século XVII, admirar é simplesmente sinônimo de "espanto". A título de exemplo, Descartes define da seguinte maneira: "A admiração é uma sutil surpresa da alma que a leva a considerar com atenção os objetos que lhe parecem raros e extraordinários".[1] Ou seja, como já era para Platão, ela é aos olhos dele uma das origens da filosofia, o ponto de Arquimedes das interrogações metafísicas mais profundas. Ao longo dos séculos, o conceito vai se enriquecer com significações novas para finalmente designar mais do que espanto ou surpresa. Claro, o sentido antigo permanece, mas a ele se acrescenta a ideia de que os objetos da admiração, fontes de alegria, nos tornam felizes. O que não é nem um pouco garantido. Na verdade, basta refletir um instante para perceber que nós só admiramos de fato aquilo que nos ultrapassa, ou mesmo aquilo que nós mesmos seríamos incapazes de fazer. Admiramos um ser extraordinário, um atleta ou um artista de alto nível, aplaudimos suas performances e seu talento não porque se parecem conosco e porque nos vemos neles, mas, pelo contrário, porque nos ultrapassam sob todos os aspectos, porque, para nós, pertencem à dimensão do impossível.

O que admiramos sem reservas é aquilo que é transcendente, exterior e superior a nós e que, por isso mesmo, nos força a escapar do ego, nos impele para uma espécie de saída de nós mesmos, obriga-nos a pensar em outra coisa que não nosso "querido eu".

É nesse sentido que um grego antigo ficava feliz por admirar o Cosmo; um crente, o divino; um republicano, a genialidade dos grandes homens, dos "sábios e construtores", como ainda se dizia na escola quando eu era pequeno. Note-se que os objetos da admiração formam, na história humana, uma espécie de escada cujos degraus descemos: eles vêm claramente do mais transcendente, isto é, do menos humano, no caso o Cosmo dos gregos, para o mais imanente, o mais humano. A ordem cósmica é completamente inumana, radicalmente exterior e superior a nós. O divino se aproxima de nós, começa a tomar a forma de uma pessoa, humaniza-se, como vemos particularmente no cristianismo com a figura de Jesus, o Homem-Deus por excelência. A Nação, à qual os grandes homens servem, já não é mais do que um grupo de indivíduos, e, embora seja pensada como superior aos que a compõem, não deixa de já estar "na escala humana", como dizia Léon Blum. Quanto à Revolução, outro ideal coletivo que fez a admiração das multidões, em princípio é composta por e para os homens, ainda que a "causa" seja pensada como superior a cada indivíduo visto separadamente. Já o atleta ou o artista, sem dúvida são fora do comum, talentosos, ou mesmo "geniais", mas não deixam de ser simples humanos. Constata-se, assim, que a admiração de fato percorre na história dos homens uma escada, cujos degraus vão descendo do menos humano ao mais humano, e veremos que esse é um elemento essencial para a reflexão.

Impõe-se então a pergunta: por que aquilo que faz com que nos sintamos menores, mínimos, inferiores, e até minúsculos, aquilo que nos esmaga com sua superioridade, nos proporciona, apesar de tudo, um sentimento de alegria? Por que não acontece o oposto? Por que, afinal, não detestamos tudo o que nos lembra nossa mediocridade, tudo o que tende a nos apequenar, a nos inferiorizar? A resposta também se impõe: tal como a atitude mística (essa estrutura de pensamento decididamente mais universal do que se imagina e que já vimos em ação no amor que Tristão sente por Isolda), a admiração implica uma relação com o sagrado. Como no amor cortês, o suspirante não é nada ao lado de um outro que é tudo, mas, ao participar desse outro, mesmo que apenas admirando, demonstrando que o compreendo e que me inclino diante de sua grandeza, de algum modo eu chego a ser parte integrante dele. A admiração nos dá assim o sentimento de *participar* do grandioso, do transcendente, qualquer que seja, e essa participação nos faz felizes na medida em que suscita em nós uma certa forma de *entusiasmo*, no sentido etimológico do termo: *en theos*, ser mergulhado no *theos*, no divino.

E mais: essa participação no divino, aqui entendido no sentido amplo, como aquilo que nós sacralizamos por ser exterior e superior – se não aos homens em geral, pelo menos ao comum dos mortais –, nos faz entrar numa esfera que escapa, se não à morte, ao menos ao império do efêmero. É nesse sentido, por exemplo, que Espinosa afirma que, quando nós chegamos ao amor intelectual por Deus, àquilo que ele chama de "conhecimento do terceiro gênero", quando participamos enfim do divino, nós "sentimos e experimentamos que somos eternos". Sem dúvida, nós vamos morrer, a eternidade e a imortalidade não são sinônimos, mas nem por isso uma parte de nosso ser deixa de participar do eterno divino. Sob esse ponto de vista, o Cosmo, a Nação e mesmo a Revolução incluem-se na categoria geral do sagrado, e isso, aliás, é o que lhes permite originar não apenas religiões de salvação terrestre, mas também guerras apavorantes. A prova tragicômica disso me foi dada quando ouvi pela primeira vez no hino nacional cubano, apesar de ser decididamente materialista e ateu em princípio, esta frase perfeitamente religiosa: "Morrer pela pátria é entrar na eternidade!".

Por mais estranho que possa parecer à primeira vista, o universo do luxo às vezes fornece um análogo desse entusiasmo que sempre acompanha a admiração e que nos deixa felizes; é como uma metafísica do pobre, ou, melhor dizendo, do rico. Pois, não sendo um gênio, a pessoa pode, com dinheiro, entrar numa esfera que dá a sensação de escapar ao império do efêmero, do consumo banal. A riqueza oferece o privilégio de integrar o mundo das obras de arte, dos móveis antigos, dos objetos preciosos; em suma, daquilo que dura e que, aliás, já foi provado, pois *já* durou; daquilo que a pessoa admira porque não é do domínio do descartável, do perecível. Já dizia Lucrécio, é uma maneira de vencer, de algum modo (ainda que irrisório), uma morte que assombra a vida dos miseráveis, de superar o provisório que nos rodeia por todos os lados. O empresário da indústria, que em sua vida profissional se responsabiliza pela fabricação e pela venda de "consumíveis", objetos cuja obsolescência é programada, por contraste gosta de cercar-se daquilo que dura, a começar pelas obras de arte, das quais geralmente é um amante apaixonado. Ele acredita que elas de algum modo o inscrevem no registro da eternidade, diferentemente de tudo o que se liga à mercantilização e ao entretenimento que ele, por sua vez, produz no mundo do comércio e da economia. Aliás, é essa produção que lhe proporciona o dinheiro necessário para sair desse mesmo mundo. Móveis de época, quadros de grandes mestres, residências projetadas por arquitetos renomados: a pessoa vive, inscreve-se por assim dizer, no universo dos imortais, ao passo que o homem comum vive desde a manhã até a noite, tanto em casa como no trabalho, no perecível.

Isso nos leva à questão essencial: o que ainda podemos admirar num universo democrático e laico, fadado de ponta a ponta à secularização de todas as figuras do sagrado, de todas as formas de transcendência? Por exigência do laicismo, ele não conduz a um eclipse dos objetos tradicionais da admiração? Se a democracia implica uma certa forma de platitude, para não dizer de banalidade, de que modo a admiração poderia sobreviver ao desaparecimento dos grandes homens, assim como ao das transcendências cosmológicas ou religiosas tradicionais, ou mesmo ao daquela que, bem ou mal, as ideias nacionalistas ou revolucionárias ainda encarnavam? Em suma, se nós admiramos tudo o que é grandioso — o que se afasta do ordinário, o que não é comum, mas sim exterior e superior ao humano —, o que ainda resta hoje de admirável num mundo que, pelo menos à primeira vista, parece fadado de uma ponta a outra ao individualismo desencantado?

SOBRE OS DOIS MALES DO UNIVERSO LAICO E DEMOCRÁTICO: PLATITUDE E DESPEITO ASSINALAM O FIM DA ADMIRAÇÃO?

Como Tocqueville pressentiu melhor do que qualquer outro, tais questões vão literalmente atormentar a modernidade. Para o autor de *A democracia na América*,[2] a lógica da uniformização das condições leva inevitavelmente à platitude, pois seu objetivo fundamental é nivelar sistematicamente tudo aquilo que ultrapassa a altura média, de todas as cabeças que se destacam na multidão. Uma vez que esse regime novo é, de uma ponta a outra, construído por e para os humanos, e uma vez que ele é, para retomar novamente a frase de Blum, "em escala humana", o grandioso pode continuar encontrando aí um lugar que permita a admiração? Como dizia Régis Debray no belo livro que ele consagrou ao general De Gaulle:[3] "O democrata ama o homem. Não ama os grandes homens. Isto, porque aquilo". A frase é, como frequentemente se lê em Debray, talentosa e elaborada. Ela evoca com elegância o declínio do Ocidente, um tema que, desde Joseph de Maistre até os contemporâneos Cioran, Murray ou Finkielkraut, alimenta o discurso pessimista da decadência do Ocidente liberal. Aos olhos dos que desprezam a modernidade democrática, já não há nada admirável: tudo é fútil, irrisório. Exceto, é claro, a perspectiva de uma resistência ao declínio, na qual o pensador autêntico deve forçosamente se inscrever, sem no entanto ceder à ilusão de que o irreparável poderia ser reparado. Era isso que Tocqueville já dava a entender, mas de maneira mais sutil, nesta passagem, que ouso chamar de "admirável", em seu livro essencial:

> Se a razão vos parece mais proveitosa aos homens do que o gênio; se vosso objetivo não é em absoluto criar virtudes heroicas, mas hábitos pacíficos; se gostais mais de ver vícios do que delitos e preferis encontrar menos grandes ações, sob a condição de descobrir menos crimes; se, em vez de agirdes no interior de uma sociedade brilhante, vos basta viver no meio de uma sociedade próspera; se, enfim, o objetivo principal do governo não é de modo algum, segundo vós, dar ao corpo inteiro da nação o máximo possível de força ou de glória, mas sim proporcionar, a cada um dos indivíduos que o compõem, o máximo de bem-estar e evitar-lhe o máximo de miséria, então deveis igualar as condições e constituir o governo da democracia.[4]

Por sua própria essência, a dinâmica da uniformização das condições leva a cortar cabeças, tanto no sentido literal quanto no figurado. A questão é compreender o que secretamente dá vida a essa lógica das democracias modernas. Para Tocqueville, a resposta não deixa muitas dúvidas: trata-se do despeito e da inveja, duas paixões inseparáveis do igualitarismo, sentimentos que parecem só conseguir conduzir, em algum momento, ao declínio da admiração e simultaneamente ao desaparecimento dos objetos tradicionais dela. Esta é, aliás, uma oposição fundamental entre democracia e aristocracia, entre modernidade e Antigo Regime — com as paixões democráticas, o medo, a cólera, a indignação, mas sobretudo a inveja e o despeito, exercendo um papel cada vez mais essencial na vida social e na política moderna. Por que um tal lugar, desconhecido das sociedades tradicionais, hierarquizadas e aristocráticas? De novo, a resposta de Tocqueville — que mais tarde será retomada e desenvolvida na teoria da justiça de John Rawls — é de real profundidade: consiste em sublinhar que, em uma sociedade feudal formada por ordens separadas umas das outras, cada um vive, por assim dizer, em seu compartimento, em sua classe ou sua casta, sem jamais procurar sair dela (ao menos, enquanto não se inicia um período de revolução). Os aristocratas e os poderosos evoluem em seu mundo próprio, ao qual os outros não pertencem, apenas isso. Por quê? Porque, no universo aristocrático, desde os gregos, as hierarquias são pensadas como naturais, e portanto como intangíveis, gravadas no mármore da eternidade. Ora, enquanto está encerrada em sua classe, enquanto acreditar que essa hierarquia, na verdade social e histórica, está inscrita na ordem natural das coisas, no Cosmo, a pessoa não pensa em sair dela. Portanto, não há inveja: cada um está em seu lugar, simplesmente.

É totalmente diferente no universo da igualdade e dos direitos humanos, no qual as pessoas nascem, em teoria, "livres e iguais em direito". Os privilégios e as desigualdades de natureza e de princípio aparecem então como intoleráveis; não são somente ilegítimos, mas também ilegais. Por conseguinte, essa paixão poderosa e profundamente enraizada que é o despeito aparece como diretamente ligada a essa outra paixão que é o igualitarismo, e cujo desencadeamento se torna sistemático assim que uma cabeça ultrapassa o nível comum. Assim que um indivíduo se destaca do conjunto, o *homo democraticus* tende a se insurgir, questionando-se com que direito e por quais razões as coisas são assim. Ele jamais desiste de encontrar respostas que o tranquilizam e que ao mesmo tempo rebaixam o outro: se alguém "teve êxito", se é mais rico ou mais famoso, se sua casa, sua esposa ou seu carro são mais bonitos e socialmente mais valorizados, é porque essa pessoa foi "apadrinhada", porque não hesitou em recorrer a procedimentos imorais e inconfessáveis para chegar lá, porque pertence a um lobby poderoso etc. Jamais faltam motivos para satisfazer a inveja e a indignação que, ao se desenvolverem sobre o contexto democrático da igualdade, se tornam tão fortes quanto mais próximos são os indivíduos: é no mesmo partido político, no mesmo setor de atividade, que as inimizades despeitadas são mais vigorosas. Aliás, é conhecida a célebre definição da confraternidade que reina no mundo dos advogados: um "ódio vigilante"...*

Em tais condições, como admirar quem ou o que quer que seja? O universo democrático, o de um ideal de igualdade que se encaminha para o igualitarismo, não deixa mais improvável, se não impossível, a própria existência do grandioso, fora da qual não existe admiração que persista? E, se não for o caso, o que se pode opor seriamente a essa análise?

* Expressão cunhada pela jornalista francesa Carmen Tessier (1911-80) em referência à extrema concorrência, sob um aparente convívio amigável, entre os advogados franceses. (N. T.)

POR QUE OS OBJETOS DA ADMIRAÇÃO SUBSISTEM NO UNIVERSO DEMOCRÁTICO: DA PINTURA HOLANDESA AOS ESPORTES DE MASSA

Para começar, digamos o seguinte: é possível que, olhando melhor, o admirável seja simplesmente o ser humano como tal, seja qual for a banalidade de sua vida cotidiana. E, mais ainda, é possível que o único sistema político a reconhecê-lo, a democracia laica, também seja o mais admirável de todos. Aliás, em um universo democrático finalmente laicizado, já não é na religião nem na cosmologia, mas no domínio das ciências e da cultura, da vida intelectual, das artes e dos esportes, que nosso sentimento de pura e jubilosa admiração encontra o melhor ambiente para se expandir. De fato, é nele que vemos transcendências se reconstituírem, no mais alto grau, mas de um novo tipo, pois agora se situam na essência humana. A meu ver, um exemplo ilustra isso mais do que qualquer outro: o da pintura holandesa do século XVII. Justamente nessa forma de arte, pela primeira vez na história da humanidade o gênero humano é apresentado como admirável entre todas as criaturas que povoam o universo.

Muitas vezes tive a oportunidade, nos livros que dediquei à história da estética, de evocar as obras de Pieter de Hooch, Ter Borch, Judith Leyster, Jan Steen, Gabriël Metsu, Gerrit Dou, Adriaen van Ostade, Quirijn van Brekelenkam ou Johannes Vermeer: a arte deles não se inspira nem no Cosmo nem em alguma divindade, nem no grandioso nem no transcendente a qualquer preço. Ao contrário, apresenta-se como a primeira arte humanista e democrática. Para esses pintores geniais, já não se trata de representar símbolos, valores ou ideias exteriores e superiores à humanidade, mas sim de expressar em pintura os aspectos mais eminentemente profanos da vida cotidiana dos simples mortais.

Aliás, não é por acaso que essa Holanda do século XVII, com seu ambiente intelectual, moral e espiritual já tão moderno, por já ser em grande parte tolerante no plano religioso, abriga também um Espinosa, o primeiro pensador a elaborar uma filosofia também radicalmente separada do mundo religioso. Eis uma arte altamente admirável, na qual, no entanto, não se encontram santos, deuses, nem heróis da mitologia, da Bíblia ou dos Evangelhos, tampouco grandes personagens, reis, rainhas ou príncipes, que equivalem um pouco aos deuses nesta terra. Também não vemos nela gloriosas batalhas ou eventos grandiosos da história das nações prestigiosas. Não há nada além de ordinários humanos anônimos, em sua vida cotidiana mais corriqueira. Uma menina brincando com seu cão na cozinha de casa, uma mãe catando os piolhos do cabelo do filho, homens bebendo cerveja na taberna, ao lado de uma servente com profundo decote, camponeses festejando em uma aldeia, comerciantes em suas tendas, em suma, a vida cotidiana no que ela tem de mais profano. Por conseguinte, não é casual se a festa, o vinho e a sexualidade estão presentes com tanta frequência nessa arte enfim secularizada: do material ao sensível, e do sensível ao sensual, basta um passo. Muitas vezes as mulheres estão presentes, não Virgens com o Menino ou santas Blandina, e sim mães de família e prostitutas, camponesas e burguesas, mulheres que leem romances. É o que Pieter Janssens Elinga retrata em uma sublime tela, onde uma jovem, ajoelhada no chão de seu quarto, segura como um tesouro não a Bíblia, mas um livro profano, que ela devora depois de descalçar os chinelos e se aproximar da janela, para ficar mais à vontade e se beneficiar de uma luz que também não tem nada de divino nem de sagrado.

Hegel, que eu saiba, foi o primeiro filósofo a ter compreendido perfeitamente a que ponto a arte holandesa era admirável, a que ponto ela marcava uma guinada na história das ideias como a primeira arte secularizada, laica e totalmente humana. Com uma profundidade raramente igualada na esfera da crítica de arte, ele observa como essa arte nova coincide com o nascimento das primeiras filosofias humanistas, as primeiras doutrinas fundamentadas na subjetividade, no *cogito*. Diferentemente da italiana, é com a arte holandesa que entramos naquilo que poderíamos chamar de "o fim do teológico-cultural", por analogia com o fim do teológico-político ou do teológico-ético que simbolizam, na mesma época, o aparecimento das primeiras grandes visões morais do mundo laico. São abandonadas as políticas absolutistas, baseadas na teologia, as éticas enraizadas numa religião e, pelas mesmas razões, as grandes obras estéticas que se alimentavam na mitologia ou em textos sagrados. A partir de então, estamos no âmbito do humano. Como Hegel observa a justo título, essa mutação está estreitamente ligada à Reforma luterana. Lutero é quem fará da cristã "a religião da saída da religião",[5] para retomar a frase de Marcel Gauchet. Afinal, é a partir de Lutero que o cristianismo vai abrir um espaço verdadeiramente decisivo ao "foro íntimo", à subjetividade e ao espírito crítico, ao sujeito em sua relação pessoal, não clerical, com o divino — motivo pelo qual, aliás, em sintonia com Descartes, no início de *Da democracia na América* Tocqueville via nele um dos pais fundadores da modernidade. Com Lutero, a consciência humana passa a ser a instância suprema de deliberação interior. Ela permite que nos enderecemos diretamente a Deus, sem passar pela intermediação da Igreja e de suas hierarquias clericais. E a arte holandesa é, por assim dizer, a vertente estética dessa saída do clericalismo que o reformismo luterano começa a instalar no seio do cristianismo, anunciando assim a laicização da própria religião.

Portanto, trata-se de uma mudança radical em relação aos objetos tradicionais da admiração estética. A secularização da arte toma impulso, junto com o humanismo jurídico, segundo o qual doravante é por seres humanos e para seres humanos que a lei deve ser criada em parlamentos, e não a partir de textos sagrados (como ainda é o caso, nas teocracias contemporâneas). Vemos assim aparecer uma obra de arte que também é concebida não somente por e para os humanos, mas também tendo a humanidade como tema principal. Nisso, a pintura holandesa prefigura um novo momento em matéria de admiração.

Sem querer comparar o incomparável, assistimos hoje a um fenômeno que eu não chamaria de idêntico, é claro, mas que é de certa forma análogo, no âmbito das paixões democráticas que o esporte suscita. A Copa do Mundo de futebol, e mesmo a Eurocopa, são eventos quase religiosos, no sentido etimológico do termo: ligam entre si centenas de milhões de espectadores admirativos, de todas as nacionalidades, de todas as condições sociais. Para além da barreira das fronteiras e da diversidade das línguas, quase um sexto da humanidade se une no entusiasmo que um tiro livre ou uma cobrança de pênalti pode suscitar diante de centenas de milhões de aparelhos de televisão. Basta frequentar um clube esportivo, ver os pais encorajando freneticamente os filhos em torno de uma quadra de tênis, para medir quanto a dimensão aristocrática do esporte ainda permanece presente. Aliás, o que é uma competição, se não a reorganização de um espaço de desigualdade no seio do universo igualitário? Um dos gatilhos mais fundamentais do prazer, e também da paixão admirativa que se apodera dos espectadores ao verem os grandes campeões, está diretamente ligado a esse retorno de um universo aristocrático — e portanto não igualitário — ao seio da sacrossanta igualdade democrática. As regras do jogo são rigorosamente idênticas para todos, o material também, e nada é mais chocante do que o doping e a trapaça que vêm romper o princípio de igualdade. Mas os talentos podem ser tudo, menos iguais, e, tanto no esporte como em qualquer outra área, eles são objetivamente mensuráveis. Não existe espetáculo esportivo bem-sucedido sem que no fundo se misturem permanentemente esses elementos de aristocracia e de democracia, de desigualdade natural e de igualdade formal. Em suma, a admiração pelos desportistas está diretamente ligada ao fato de transcendências aristocráticas se elevarem sobre um terreno democrático. Essas transcendências, portanto, já não têm nada de divino nem de cosmológico, enraizadas que estão no mais profundo do humano e, muitas vezes, é preciso dizê-lo, do humano mais extraordinário e ao mesmo tempo mais ordinário que existe.

POR QUE CONVÉM ADMIRAR, MAIS QUE TUDO, ESTE OCIDENTE QUE DIZEM ESTAR VAZIO

Se a pessoa não é crente nem prisioneira das tradições de uma grande cosmologia antiquada, é preciso inverter a perspectiva habitual, à qual os nostálgicos dos esplendores passados costumam se apegar. Pois, na verdade, não é o homenzinho, o homúnculo, que de tempos em tempos recebe de fora o grandioso, o admirável tomado de empréstimo à ordem cósmica ou ao divino, à sacralização da pátria ou do ideal revolucionário. Mas evidentemente foi ele que inventou aquilo que Nietzsche chamará de "ídolos", essas intumescências metafísico-religiosas que ele admira como se lhe viessem de fora, ao passo que são o produto de seu próprio pensamento. De Voltaire e Kant a Feuerbach, Marx, Nietzsche ou Freud, esse será o tema principal da filosofia moderna e, depois, da contemporânea. Assim como no "fetichismo", do qual Marx propôs uma análise genial, nós temos a deplorável tendência a esquecer a produção em proveito do produto; vemos somente o resultado de nossa atividade intelectual, sem notar que esse resultado, cristalizado sob a forma de um ideal transcendente, foi elaborado por nós, por nosso pensamento menos ou mais consciente. Para explicar talvez com mais clareza, não é Zeus que cria os homens com a ajuda de Prometeu, mas são os homens que inventam os deuses, o Olimpo e todos os mitos relacionados ao assunto. E, se a cosmologia grega é admirável, é sobretudo aos mitógrafos, aos filósofos e aos dramaturgos, ou seja, é a simples humanos que ela o deve. A pretensa grandeza das visões tradicionais não passa de ilusão, é tudo menos admirável; melhor dizendo, se há nela algo a admirar, isso vem da humanidade, dessa humanidade que na angústia e na fascinação concebeu os edifícios grandiosos que depois ela mesma venera como se eles tivessem vindo de algum lugar misterioso. Não é Deus, mas o Homem, que constrói as catedrais, que compõe *A arte da fuga*, que cria a mitologia, as religiões, as literaturas, as filosofias, as artes e as ideologias políticas. Se existe algo de grandioso e admirável, é nele que isso se encontra, e não fora, em uma entidade exterior e superior a ele.

Portanto, eu gostaria de destoar do discurso, hoje em dia comum, segundo o qual o Ocidente seria vazio e miserável, fadado à platitude e à mediocridade. Pelo contrário, penso que nosso universo laico, na verdade, tanto no plano espiritual e intelectual quanto no moral e político, é mais admirável e mais precioso do que nunca. O argumento que consiste em se queixar de que nossos Estados laicos sejam destituídos de toda ideologia grandiosa é de rara estupidez. Na verdade, ele é realmente absurdo: a uma democracia laica não se pode pedir tudo e seu contrário, não pode exigir que ela seja ao mesmo tempo cheia e vazia. Pela própria construção, nossas sociedades secularizadas formam um quadro que existe para organizar a coexistência pacífica entre os indivíduos, e não para dar sentido impondo uma ideologia oficial ao conjunto do corpo social. Elas tampouco visam necessariamente à fabricação de líderes carismáticos como os que podem surgir em tempos de guerra, tanto para o melhor (De Gaulle, Churchill) quanto para o pior (Hitler, Stálin, Mao). Pedir-lhes mais é por essência contraditório, aberrante. Isso implica uma consequência que pouquíssimas pessoas são capazes de entender e menos ainda de assumir, sobretudo aquelas que, tendo substituído as espiritualidades tradicionais por religiões de salvação terrestre, tais como o comunismo ou o nacionalismo, continuam desesperadamente a desejar que o Estado estabeleça para todos finalidades grandiosas e admiráveis.

Como a estrutura estatal liberal é por essência laica, isto é, neutra, a partir de então cabe a cada um de nós, individualmente, dar sentido à vida. Individualmente não significa aqui "sem os outros", mas "sem Estado", o que não é em absoluto a mesma coisa. Na sociedade civil pacificada por um laicismo que acabou com as guerras de religião, e graças aos direitos humanos que impõem o respeito aos outros, pode-se criar com eles uma infinidade de vínculos afetivos, culturais, familiares, sociais ou políticos. Em outras palavras, o coletivo não é ocultado em nada pelo Estado liberal. Apenas cabe a nós tecer relações fecundas, dar sentido à nossa existência, construí-la por nós mesmos, o que é muito mais difícil do que ficar a cargo de uma ideologia oficial. O Estado pode muito bem fixar os princípios gerais do direito, assegurar a paz social e até as condições máximas de sucesso possível na vida para os indivíduos, mas, para além disso, a tarefa cabe a nós.

Contudo, afirmar que aquilo que nos torna felizes no sagrado e no admirável teria desaparecido das sociedades europeias modernas é duplamente inexato. Por um lado, porque as religiões continuam presentes, tanto quanto os indivíduos desejam; por outro, porque é evidente que existem figuras não religiosas em relação ao absoluto. Pois o sagrado não é somente o oposto do profano; é também aquilo pelo qual a pessoa poderia se sacrificar, dar sua vida. E não há nenhuma necessidade de ser crente para sacralizar a verdade, a justiça, a beleza, ou, ainda mais concreta e simplesmente, as pessoas a quem amamos. Pelo contrário, longe de afundarem na vacuidade à falta de religião suficiente, nossas sociedades são as primeiras a ser ao mesmo tempo livres e no entanto mais éticas do que todas as conhecidas até hoje, tanto na história como na geografia. Em nome do arrependimento ou do ódio à modernidade, pretendia-se a qualquer preço nos fazer crer que a Europa se reduziria à colonização, aos genocídios e, no fim do percurso, ao vazio sideral que o laicismo implica. A verdade é que, longe de sermos tão vazios e pouco atraentes quanto se afirma, de cinquenta anos para cá tudo evoluiu a favor de nossos valores democráticos, tanto na Europa como na América Latina, e até numa China em rápido processo de ocidentalização. A única exceção se situa em terras islâmicas. Se há declínio do continente europeu, isso ocorre nos planos econômico e social. Mas de maneira alguma por falta de princípios morais, e sim porque nossos admiráveis valores humanistas de fraternidade, solidariedade e proteção social levaram à criação de Estados-providência que hoje trabalham contra nós numa competição globalizada em que nossa situação se tornou desigual diante dos recém-chegados. Motivo pelo qual nosso modelo deve ser mais do que nunca preservado.

Como mostrei em meu livro *A revolução do amor: Por uma espiritualidade laica*,[6] o que nós vivemos não é de fato a liquidação do sagrado, o obscurecimento dos valores, o fim da admiração e das alegrias que ela suscita em nós, mas a encarnação de tudo isso em uma nova face, a da humanidade. Questionem-se honestamente:

por quem ou pelo que vocês se disporiam a arriscar a vida? Em outras palavras, o que consideram como sagrado, no sentido próprio, digno de sacrifício? Resposta, para a imensa maioria de nós: é o homem que é sagrado, é ele que nos dá alegrias, que provoca o entusiasmo por suas criações, seu talento, seu gênio, quando se chama Vermeer, Bach ou Einstein. O que nós amamos é o próximo, aquele que está perto; mas também amamos o oposto, o que vem depois. E o que já não amamos são as abstrações vazias da religião e da política tradicional, nacionalista ou revolucionária. Graças a esse liberalismo político tão denegrido e no entanto tão amável, nós vivemos o nascimento de uma nova face do humanismo que já não é o de Voltaire e de Kant, dos direitos humanos e da razão, daquelas Luzes que sem dúvida foram portadoras de um vasto projeto de emancipação, mas que conduziram também ao imperialismo e à colonização. Trata-se, ao contrário, de um humanismo pós-colonial e pós-metafísico, de um humanismo da transcendência do outro e do amor. Precisaremos de novas categorias filosóficas para pensar as armadilhas e as esperanças disso. Para dizer o mínimo, a aposta vale a pena, tão admirável é o resultado. Eis por que eu venho me empenhando, de algumas décadas para cá, em mostrar como é somente em nosso universo laico que começamos a poder contemplar os verdadeiros objetos da admiração: a verdade em vez da ideologia, a lucidez em vez das ilusões, ainda que consoladoras, mas também a beleza, a justiça e o amor humanos.

4. Emancipar-se

Liberdade ou felicidade?

Entre a liberdade e a ventura, entre a lucidez e a felicidade, se precisássemos escolher – e às vezes é preciso –, o que deveríamos decidir? Continua mais atual do que nunca a pergunta que já acometia as reflexões de La Boétie sobre a servidão voluntária – num século no qual os delírios totalitários pretenderam fazer a felicidade dos povos contra a própria vontade destes, para sua maior desgraça, é claro, e sempre ao preço de sua liberdade, ou mesmo de sua vida. Diz-se com frequência que essa disputa é tão antiga quanto a própria filosofia, mas na verdade é no pensamento político moderno, especialmente com as obras de La Boétie e de Hobbes, que ela adquire toda a sua amplitude: é melhor viver feliz na servidão e na ilusão, ou menos feliz, mas na liberdade e na verdade? A essa pergunta, Hobbes e seus discípulos menos ou mais distantes sempre responderam: acima de tudo, a felicidade de viver! Quem não se lembra do slogan dos pacifistas alemães quando, nos anos 1980, os Estados Unidos decidiram instalar mísseis Pershing no coração da Europa, em consequência dos SS-20 soviéticos que ameaçavam o mundo livre? François Mitterrand, excepcionalmente bem inspirado, pronunciou a seguinte frase — se não me falha a memória, diante do Parlamento alemão com todos os seus membros reunidos para a ocasião: "Os SS-20 estão no leste; os pacifistas, no oeste". Nada ilustra melhor nosso tema do que esse debate que na época colocou os defensores das democracias ocidentais em oposição aos colaboracionistas de ocasião do totalitarismo, aos ecologistas, pacifistas e esquerdistas de todo tipo, dispostos a se sujeitar e a se curvar diante do poder totalitário em nome do famoso: "Antes vermelho do que morto!". Aos olhos deles, mais valia viver sob a bota soviética do que arriscar a vida em um combate pela liberdade.

Então, a felicidade valeria mais do que todas as outras qualidades das quais os homens poderiam desfrutar? Ela deve passar à frente de tudo, à frente da promessa de emancipação proposta pelo Iluminismo? Já no século XVIII, Kant emitia a suspeita de que a natureza havia nos equipado mal para a felicidade: de que servem a inteligência, o espírito crítico e o livre-arbítrio, se nossa vida só tiver a tendência a satisfazer, a qualquer preço, nossas aspirações ao bem-estar? Não teria sido melhor, nesse caso, que tivéssemos nascido um cabrito-montês, um urso ou um coelho (evidentemente, desde que não houvesse nenhum caçador no horizonte)? A disposição natural do homem para a metafísica, sua incômoda propensão a se interrogar com toda a liberdade sobre o mundo, sobre sua sorte, sobre seus destinos possíveis nesta terra, seriam os meios mais seguros de afastar-se desse imediatismo da existência animal, sem a qual não existe felicidade duradoura? Depois de Kant, vieram então Freud e Nietzsche, e os três contestaram o otimismo da felicidade, a ideia de livre-arbítrio, admitindo até que não se tratava de uma ilusão cujo principal efeito é nos tornar infelizes. Pois a liberdade, entendida como uma possibilidade de escolha entre diversas opções, vem estragar aquilo que Nietzsche denomina, como veremos daqui a pouco, a "inocência do devir". Longe de ser um elemento de felicidade, a ideia de liberdade vem incessantemente nos deteriorar a vida, mergulhando-nos a cada instante no que Espinosa chamava as "paixões tristes": os pesares, os remorsos, as vergonhas, os medos, as culpas; todos eles sentimentos ligados à noção de responsabilidade, à convicção de que poderíamos e talvez deveríamos ter "agido de outra maneira", tomado outras decisões, feito outras escolhas, uma vez que éramos livres, e portanto responsáveis por nossas ações. Vemos de novo, aqui, quanto aquilo que poderia nos fazer felizes, isto é, o fato de sermos livres, é também aquilo que nos torna infelizes — tema que a meu ver constitui, e o leitor já terá percebido, o fio condutor de qualquer reflexão minimamente séria sobre a felicidade.

Vejamos isso mais de perto.

O LEVIATÃ DE HOBBES, OU POR QUE O MEDO NOS CONVIDA A SACRIFICAR A LIBERDADE EM NOME DA FELICIDADE

É com o *Leviatã*,[1] obra máxima de Thomas Hobbes, que a oposição entre as filosofias da felicidade (Hobbes, Marx, ecologia política) e as filosofias da liberdade (Rousseau, Kant, Tocqueville) adquire sua forma moderna mais significativa e profunda. Examinemos por um instante essa antinomia, pois ela vale a pena.

Do lado de Hobbes, encontra-se a ideia de que, sendo o homem, em sua origem, o lobo do homem (*homo momini lupus*), o estado de natureza, ou seja, o estado pré-político, é caracterizado por um medo incessante ligado à guerra de todos contra todos, pelo risco permanente da morte. Considerando que o mais forte nunca é forte o bastante para ter certeza de assim permanecer — a astúcia ou uma coalizão sempre podem ganhar dele –, ninguém está seguro, nessa situação precária que caracteriza a vida dos homens, antes que seja instaurado um Estado dotado de leis e do poder de fazer com que elas sejam respeitadas. Daí o medo avassalador que caracteriza, segundo Hobbes, a vida dos humanos infelizes no estado de natureza, inclusive os mais dotados. Esse medo subsistirá enquanto um Estado poderoso não for instalado por um contrato social entre o povo e ele, ou, mais exatamente, entre os indivíduos que formam o povo e que delegam todos os poderes à potência pública (ao Leviatã). Muitas vezes o contrato social hobbesiano foi comparado ao que em direito moderno se denomina "estipulação em favor de terceiro". Trata-se de um tipo de contrato cujo modelo se encontra no seguro de vida: eu firmo com meu segurador um acordo segundo o qual, após meu falecimento, a pessoa que escolhi receberá uma certa quantia em dinheiro. Como se vê, a pessoa em questão não é participante do contrato. O mesmo ocorre no pensamento político de Hobbes: com o objetivo de evitar todo possível conflito entre o povo e seu soberano, este último não é parte contratante, mas o beneficiário de um contrato que lhe delega soberania. São os indivíduos desejosos de tornar-se cidadãos que firmam entre si esse contrato em proveito dele. Assim, concordam em lhe delegar todos os seus poderes a fim de que, dotado de um poder absoluto, seu soberano faça os indivíduos saírem desse estado de guerra que é o estado de natureza e dessa forma lhes assegure a proteção.

Assim percebe-se como, nessa visão do mundo, as pessoas sacrificam sua liberdade no altar da felicidade, renunciam à sua parte de soberania para conquistar uma parte de bem-estar, de serenidade, pois o Estado Leviatã extinguiu o reinado do medo nascido no estado de natureza da guerra de todos contra todos. Toda uma tradição filosófica irá no mesmo sentido, nessa direção em que, como entre os ecologistas contemporâneos, a preocupação com o bem-estar e com a segurança acaba sempre por vencer o princípio da liberdade, como vemos especialmente no livro de Hans Jonas, *O princípio responsabilidade: Ensaio de uma ética para a civilização tecnológica.*[2] Em Rousseau, Kant ou Tocqueville, assim como mais tarde em todas as tradições liberais no plano político, ocorre evidentemente o contrário: a liberdade é primordial; em caso de conflito com o bem-estar, ela sobrepuja a busca da felicidade. Por quê? Muito simplesmente porque a liberdade é intrínseca ao ser humano, é o que nos distingue dos animais e nos permite entrar na esfera do ético, de modo que perder a liberdade é perder a própria humanidade. Em última análise, os combates que ela pode e deve suscitar em seu favor implicam que o indivíduo aceite, se necessário, o risco da morte. Questão de dignidade, de respeito por si mesmo, que passa à frente da preocupação do bem-estar. É o caso, por exemplo, da Resistência durante a Segunda Guerra Mundial, que considera a luta contra o nazismo superior à calma relativa que seria possível obter com a colaboração.

Na perspectiva de Hobbes e de seus numerosos sucessores, portanto, a felicidade é preferível à liberdade, o que nem por isso significa que esta última seja um mal: pelo contrário. Seria muito bom ter as duas coisas, o bem-estar e a emancipação, mas o problema é que na vida real é preciso escolher e, nessas condições, é a felicidade que deve ser priorizada, ainda que se arrisque a ser um pouco danificada pela servidão voluntária. Contudo, na mesma época surge uma argumentação totalmente diferente. É a de Espinosa, que vai ainda muito mais longe do que a de Hobbes ao analisar as conflituosas relações entre felicidade e liberdade. De fato, para Espinosa não se trata de afirmar que, em caso de conflito entre as duas, convém escolher a primeira, mas sobretudo de mostrar, o que é muito diferente, que a própria noção de livre-arbítrio, a livre escolha entre opções possíveis, é apenas uma ilusão, um puro delírio ligado à ignorância das causas que nos determinam. Além disso, é uma ilusão funesta, pois é ela que por excelência nos torna infelizes. É ela, de fato, que nos afunda nos tormentos mais inextricáveis, aquelas famosas "paixões tristes" diretamente geradas pela ideia de que somos responsáveis por nossos atos e de que poderíamos ou deveríamos ter agido de maneira diferente daquela que adotamos. Segundo Espinosa, essa convicção é intelectualmente absurda e moralmente devastadora; um sentimento estúpido que só pode perturbar a serenidade que nos poderia advir de uma compreensão melhor do determinismo divino que domina totalmente nossa existência. Nisso, a sabedoria que Nietzsche às vezes reivindica está de acordo com a de Espinosa, em quem ele declarava, aliás, ver finalmente um "irmão" na filosofia.

A INOCÊNCIA DO DEVIR, OU COMO A SERENIDADE DO SÁBIO PASSA PELA DESCONSTRUÇÃO DAS ILUSÕES DO LIVRE-ARBÍTRIO

Assim como a de Espinosa, a sabedoria de Nietzsche repousa sobre um convite a nos reconciliarmos com o mundo, a dizer "sim" à vida, ao real, a tudo o que é. Em suma, é a sabedoria daquilo que ele mesmo denomina o *amor fati*, o amor àquilo que nos é enviado pelo destino, àquilo que está presente, ali, diante de nós. Desse modo, ela também repousa sobre o ideal de uma desculpabilização total do ser humano. Essa liberação supõe, sempre como em Espinosa, que nos desvencilhemos da ideia de livre-arbítrio. Aliás, a culpa, uma paixão triste por excelência, é o cúmulo do espírito que Nietzsche chama de "reativo": o ser marcado pelo sentimento de esgotamento, de perda de intensidade que provém forçosamente da dilaceração interna, do conflito entre si e si que caracteriza toda forma de culpa. Somente o sábio que compreende que o livre-arbítrio é pura ilusão pode chegar à "*inocência do devir*", como Nietzsche explica nesta passagem particularmente límpida extraída de seu livro inacabado, *A vontade de poder*:[3]

> Quanto tempo já faz que me esforcei por demonstrar a mim mesmo a total inocência do devir!... E tudo isso, por qual razão? Não era para me proporcionar o sentimento de minha completa irresponsabilidade, para escapar a todo louvor e a toda admoestação?...

Pois é assim, e somente assim, que podemos finalmente ser salvos. De quê? Como sempre, do medo. Por meio de quê? Como sempre, da serenidade. Eis por que, simplesmente,

> Nós queremos devolver ao devir sua inocência: não há ser que possamos responsabilizar pelo fato de que alguém exista, possua esta ou aquela qualidade, tenha nascido em tais circunstâncias, em tal ambiente. É um grande reconforto que não haja um tal ser... Não há nem lugar, nem fim, nem sentido, ao qual possamos imputar nosso ser e nossa maneira de ser... E, mais uma vez, é um grande reconforto, nisso consiste a inocência de tudo o que é.

À diferença dos estoicos, sem dúvida, Nietzsche não acredita que o mundo seja harmonioso e racional. A transcendência do *Cosmo* é abolida. Como os estoicos, porém, ele convida a viver no instante, a salvar-nos a nós mesmos amando tudo o que é, a evitar a distinção entre os eventos felizes e os infelizes, a nos libertar, sobretudo, dessas dilacerações que uma má compreensão do tempo fatalmente introduz em nós: remorsos ligados, como em Espinosa, a essa incômoda ilusão do livre-arbítrio que gera uma visão indeterminada do passado ("Eu devia ter agido de outra forma..."), mas também hesitações perante o futuro ("Será que eu não deveria fazer outra escolha?"). Então, é livrando-nos dessa dupla face insidiosa das forças reativas (toda dilaceração é reativa por essência), livrando-nos dos pesos do passado e do futuro, que alcançamos a serenidade e a eternidade, aqui e agora, *uma vez que não há outra coisa*, uma vez que já não há referência a "possíveis" que viriam relativizar a existência presente e semear em nós o veneno da dúvida, do remorso ou da esperança.

O QUE HÁ DE JUSTO E DE DETESTÁVEL NAS NEGAÇÕES DO LIVRE-ARBÍTRIO EM NOME DA FELICIDADE (HOBBES), DA SABEDORIA (ESPINOSA) OU DA SERENIDADE

Evidentemente, existe algo de verdadeiro nessas três filosofias, a saber: que liberdade e responsabilidade realmente são fardos, incontestáveis fatores de transtornos, estraga-prazeres. A partir do momento em que me convenço de que o mundo poderia ser diferente daquilo que é, de que eu poderia ter agido de outro modo no passado ou deveria corrigir o rumo no futuro, é certo que o transtorno se instala em minha vida. Sejamos francos: o sentimento da liberdade, a convicção de que existem possibilidades, de que o curso do mundo poderia ser outro, pode nos acordar à noite, atrapalhar nosso sono. Seria essa uma razão para negar nossa liberdade? Duvido. Sem a menor hesitação, se tenho de escolher entre felicidade e liberdade, opto pela segunda, custe o que custar, sem sequer entrar no debate metafísico sobre seu caráter ilusório ou não. Esse debate, que desde sempre opõe kantismo a espinosismo, parece-me impossível de terminar, é "infalsificável", como dirá Popper. Nisso, estou convencido de que a única categoria filosófica que nos permite pensar de maneira adequada as relações entre a liberdade e a felicidade é a do trágico, no sentido que os gregos deram a esse termo. Pois o trágico já de saída designa essas dilacerações do mundo geradas por nossas escolhas livres e resolutas. Dilacerações que, é claro, destroem a vida daqueles que as vivem, mas são inerentes dessa liberdade sem a qual eles já não se considerariam como seres humanos dignos desse nome – pelo que o exercício de seu livre-arbítrio soberano se antepõe à preocupação com seu bem-estar. É isso que eu gostaria de mostrar a vocês agora, como conclusão deste capítulo.

FELICIDADE E INFELICIDADE DE SER LIVRE: SOBRE A LIBERDADE COMO CATEGORIA ÚLTIMA DO TRÁGICO

Comecemos pelo essencial. Embora ligado à ideia de liberdade, o trágico é tudo, menos uma categoria moral: os heróis trágicos não são nem cafajestes nem seres que desejam o conflito no qual entram livremente e ao mesmo tempo contra a vontade. A escolha deles é perfeitamente livre, mas cria compromisso, não é volúvel nem submissa aos acasos de uma vontade frágil. Antígona escolheu defender seu irmão, não infringir a lei dos deuses e da família, uma prescrição que ela considera ser uma lei divina, superior à dos homens e da cidade; mas, uma vez efetuada essa escolha consciente, não há como voltar atrás. Por sua vez, Creonte, o tio de Antígona, na condição de rei de Tebas, opta por defender as leis da cidade da qual é o fiador: ele não deve, não pode aceitar a traição, ainda que seja a de seu sobrinho Polinices, o irmão que Antígona defende do tio. O que constitui aqui a tragicidade, como compreendeu Hegel de maneira genial nas passagens dos cursos de estética que ele consagra à tragédia grega, é que cada um dos dois personagens possui em si a dilaceração: Antígona, que foi filha de um rei (seu pai, Édipo, também fora rei de Tebas), não pode ignorar que Creonte tem seus motivos e conhece melhor do que ninguém as obrigações impostas pela função de seu tio; quanto a Creonte, este também sabe que Antígona, ao menos sob outro ponto de vista, também tem suas razões, pois o traidor que ele condena a ser abandonado insepulto aos cães e aos abutres é justamente seu próprio sobrinho e irmão dela. Cada um possui em si o ponto de vista do outro, cada um é obrigado a compreendê-lo, e mesmo assim eles não podem abrir mão de suas posições. Daí o fato de que a verdadeira tragicidade não tem nenhuma relação com o problema moral do crime ordinário, do delito cometido por um assassino ou um ladrão. Nem Creonte nem Antígona são criminosos, eles não fazem o mal. São tão honestos quanto corajosos. Simplesmente, defendem com toda a liberdade pontos de vista que em nada podem se conciliar. E, uma vez feita a escolha, já não podem escapar dela, não podem deixar de encarnar uma visão unilateral do mundo – é por isso que o moralismo ordinário, aquele que gosta de encontrar bons e maus em todo conflito, é antitrágico por essência. Passemos à atualidade e analisemos claramente: se eu fosse um ucraniano do leste, é possível, se não provável, que tomasse partido por Putin; e, se eu estivesse no oeste, com um ponto de vista diferente sobre o mundo e outros interesses a defender, talvez preferisse entrar para a União Europeia, ou mesmo para a Otan. Tal é a essência do trágico, que não opõe cafajestes a justos, mas somente pontos de vista livres e contrários; e essa liberdade, embora seja tão preciosa, provoca no mundo dilacerações que evidentemente vêm perturbá-lo e gerar infelicidade.

Trata-se do que Max Weber, como bom discípulo de Nietzsche, denominava "antinomias da ação histórica", as contradições forçosamente inerentes a toda ação política, *a fortiori* militar. E, nesses âmbitos, nenhuma escolha pode se subtrair à realidade do trágico. Em minha modesta função como ministro da Educação, tive essa experiência, pois cada decisão, especialmente no plano orçamentário, na maioria das vezes apresentava tanto inconvenientes quanto vantagens. Por exemplo, será legítimo, justo e aceitável deixar para as próximas gerações uma dívida pública tão considerável que pesará sobre o futuro delas de maneira talvez irreversível? Mas, se eu quiser reduzir essa dívida, cortar despesas do Estado, não vou deteriorar a qualidade do serviço público, aumentar o número de alunos por turma, prejudicar a segurança dos estabelecimentos e até interromper um crescimento já muito fraco na criação de empregos? No período atual, somente demagogos estúpidos ou desonestos (na maioria das vezes, as duas coisas) podem pretender escapar a esse dilema. Embora menos patético do que aquele que opõe Creonte a Antígona, esse dilema não deixa de entrar, e com igual intensidade, na categoria do trágico: a liberdade de decisão não pode senão estragar a felicidade e a serenidade daquele que está encarregado de exercê-la. E, por essa razão, para um homem de bem, honesto, não exclusivamente narcisista, mas sim preocupado sobretudo com servir e com visar ao bem comum, só muito raramente a política é algo prazeroso.

Daí as famosas "antinomias da ação histórica" tão inteligentemente analisadas por Max Weber a partir de sua distinção crucial entre "ética da responsabilidade" e "ética da convicção".

Nada expõe melhor até que ponto liberdade e felicidade são ao mesmo tempo inseparáveis (como ser feliz na servidão?) e opostas (como ser feliz quando é preciso fazer escolhas difíceis num universo dilacerado?).

AS ANTINOMIAS DA AÇÃO HISTÓRICA: ÉTICA DA CONVICÇÃO E ÉTICA DA RESPONSABILIDADE

Recordemos o sentido exato dessas duas visões morais do mundo. A ética da convicção está contida em uma frase: *fiat justitia et pereat mundus*, faça-se a justiça, ainda que o mundo pereça. Ou seja, defendem-se os princípios, desdenhando do real. Por exemplo, uma pessoa é pacifista em 1935 por ser contra toda guerra, seja qual for. No fim, o real se vinga: Hitler invade o Ruhr e depois anexa a Áustria com a bênção objetiva dos pacifistas. Quando eles despertam, é tarde demais. A guerra fará quase 60 milhões de mortos, ao passo que uma intervenção militar precoce seguramente a teria impedido de se estender. *Si vis pacem, para bellum* é o que diz, a justo título, a ética da responsabilidade: se queres a paz, prepara a guerra. Hoje, a ética da convicção continua exercendo o mesmo papel. Ela proíbe as reformas com "indignação", esse sentimento pueril e impregnado de facilidade; é o caso, por exemplo, de todo corte orçamentário, toda reforma previdenciária, toda redução do número de servidores, das medidas reprovadas em nome da "justiça social". Ao passo que, sem intervenção, também neste caso, todo o nosso sistema de proteção aos mais fracos corre o risco de falir. Eis uma excelente razão, a meu ver, de voltar-se para uma outra visão moral do mundo, a da responsabilidade. Em que ela consiste? De nenhum modo em abandonar os princípios éticos, mas sim em levar a realidade em conta para aplicá-los e encarná-los, mesmo que ao preço de compromissos trágicos que são o contrário do comprometimento por arranjo. Se usarmos de novo o exemplo dos conflitos armados, o partidário da ética da responsabilidade é aquele que compreende que, ante uma situação de crise, às vezes é preferível fazer imediatamente uma guerra estratégica, por mais detestável que ela sempre seja quanto aos princípios, a não fazer nada, em nome do pacifismo, com o risco de acarretar mais tarde o desastre e a capitulação.

Tragicidade da história ou, como diz Weber, "antinomias da ação histórica": ao contrário do que as pessoas imaginam de maneira irenista, mas sobretudo muito confortável, o intelectual movido pela ética da convicção, assim como o militar ou o político, quase nunca faz a escolha entre o bem e o mal. Seria fácil demais. Na imensa maioria dos casos, eles têm de escolher entre vários males; guiados pelos princípios, mas também pela inteligência da realidade, seu dever é somente o de optar, com toda a lucidez, pelo mal menor. Nesse aspecto os discípulos de Nietzsche e de Espinosa e, mais amplamente, todos aqueles que desejam desacreditar a ideia de livre-arbítrio e declará-la ilusória para melhor encontrar a inocência do devir, me parecem ignorar o real, o pecado filosófico mais grave que existe. Empreender uma guerra, mesmo limitada, é sempre um horror, mas deixar que ela se torne mundial para não sujar as mãos é muito pior. As reformas que a globalização nos impõe também são penosas, mas, se quisermos conservar nosso modelo social europeu, é melhor adotá-las o mais depressa possível, em vez de pretender sempre oferecer ao povo a manteiga, o dinheiro da manteiga e o sorriso do leiteiro. Por isso, com toda a evidência, a ética da responsabilidade é a única moral digna desse nome. A ética da convicção, paradoxalmente, não passa de uma forma particularmente sofisticada de cinismo confortável, porque tranquiliza a consciência do intelectual, que se inspira nela sobretudo para manter uma boa imagem e uma boa reputação.

No caso, o freudo-marxismo atingiu um tal paroxismo que pode servir de figura emblemática a todas as visões do mundo que procuram negar a antinomia entre felicidade e liberdade, ou seja, negar a tragicidade da condição humana.

O CÚMULO DA PLATITUDE ANTITRÁGICA: AS ILUSÕES RIDÍCULAS DO FREUDO-MARXISMO, OU POR QUE A RECONCILIAÇÃO PERFEITA ENTRE LIBERDADE E FELICIDADE É ILUSÓRIA

Com Wilhelm Reich (1897-1957), o freudo-marxismo vai desenvolver uma tese contra Freud que terá, na esteira de maio de 1968 e ao longo de toda a década de 1970, um eco surpreendente — considerando-se quanto ela é absurda a qualquer pessoa de bom senso e detestável aos olhos de todo pensador trágico. A ideia básica já se encontra em Marcuse, em seu livro pioneiro, *Eros e civilização*.[4] O argumento principal do livro é o seguinte: embora a teoria psicanalítica seja revolucionária, a prática (a terapêutica, se preferirem) é profundamente reacionária. O que Freud de fato mostra (segundo Marcuse, claro)? Antes de mais nada, Freud defende a tese de que, se refletirmos bem, os conflitos psíquicos são determinados pelas interdições encarnadas pelo superego, pelos tabus veiculados pela classe dominante e pela moral social. São essas interdições e esses tabus que vêm reprimir os ardores da libido, os desejos desse infeliz "id", incessantemente constrangido pela censura que os "preconceitos burgueses" fazem pesar sobre ele. Ora, em vez de convocar, como logicamente deveria fazer, a revolução proletária contra a exploração do homem pelo homem, contra a ordem moral de sociedades capitalistas e alienantes, Freud defende uma prática analítica que visa somente a readaptar os indivíduos a uma realidade que os adoece! Portanto, é preciso acrescentar Marx a Freud com o objetivo de associar uma prática revolucionária, que desconstrua o mundo burguês, a uma teoria revolucionária — a da psicanálise, a qual demonstrou que esse mundo é patogênico. É como surge o vínculo entre freudo-marxismo e antipsiquiatria; segundo essa tese, em última instância, o louco é o único ser em boa saúde, uma espécie de extralúcido, de revolucionário que compreende, bem melhor do que o indivíduo dito "normal", quanto o mundo burguês é patogênico. O louco se torna então uma figura da revolução, uma espécie de alter ego do proletário.

Alguns psicanalistas maoistas foram muito longe nessa ideologia delirante. Lembro-me de alguns deles — e não dos destacados —, que nos anos 1970 defendiam com uma seriedade papal a ideia de que já não havia loucos na China: como as proibições do mundo burguês tinham desaparecido, as causas principais das doenças mentais (conflitos intrapsíquicos) estavam eliminadas. Só um detalhe: a história mostrou que, longe de terem desaparecido na China, os loucos haviam tomado o poder no país e iriam fazer, em nome da emancipação das massas, cerca de 70 milhões de mortos. Um simples detalhe, claro, aos olhos dos defensores da ética da convicção, que afirmavam com seriedade — eu me lembro, escutei com meus próprios ouvidos — que "não se faz uma omelete sem quebrar os ovos". Realmente, e que bela omelete Mao fez! Assim como Max Weber, Freud, um pensador trágico por excelência, estava convencido de que não existe sociedade perfeita; não existe sociedade sem superego nem tabus. Aliás, se uma tal sociedade fosse concebível, seria um horror: uma rápida reflexão deixará evidente que nada é mais atroz do que a frase canônica daquele jubiloso mês de maio, segundo a qual "é proibido proibir!". Proibir as pulsões de ódio, o racismo, o estupro, o roubo, o antissemitismo, o sadismo e por aí vai. Seria isso a reconciliação entre a felicidade e a liberdade? Permitam-me duvidar...

Como Max Weber, mas à diferença notável de Marx, Freud acredita que em qualquer hipótese o real é trágico e intrinsecamente portador de dilacerações que, a priori, nada pode prevenir totalmente. Quase nunca temos a escolha entre uma solução boa (o comunismo, uma sociedade sem classes e sem proibições patogênicas) e uma ruim (o capitalismo cheio de contradições e de tabus). Só temos a escolha entre várias soluções ruins; a realidade é sempre frustrante em algum grau, o ideal é da ordem do compromisso, e não da transparência perfeita. Portanto, antinomias da ação histórica; a própria ideia de que, transformando a sociedade, seria possível suprimir todos os conflitos e todas as doenças mentais é o cúmulo da loucura. Uma loucura que, aliás, levará a trancafiar pessoas normais, os dissidentes, no hospital psiquiátrico; uma inversão que seria cômica se não fosse também sinistra. Ainda assim, tampouco somos obrigados a ter saudade dos costumes da Inglaterra vitoriana nem dos da Áustria puritana do século XIX. Questão de meio-termo, mais uma vez...

Aqui começamos talvez a compreender, como eu sugeria nas primeiras páginas deste livro, que, se a privação da liberdade é uma desgraça, o exercício dela nem sempre é garantia de atingi-la. Ser livre é assumir as próprias escolhas, levá-las a sério e sentir-se mais responsável do que inocente. Às vezes, por injunção do trágico, nossas escolhas nos levam a sacrificar nosso bem-estar em nome de valores superiores à felicidade: a dignidade humana, a resistência à opressão, ao totalitarismo, à barbárie ou mesmo simplesmente a obrigação de defender aqueles a quem amamos.

Como sempre, o que nos faz felizes é também o que pode nos tornar infelizes – por isso as filosofias da felicidade acabam inevitavelmente por afundar em um irenismo ingênuo, por falta de senso trágico.

5. Ampliar os horizontes

Por que o pensamento ampliado nos deixa felizes?

Hoje em dia, no quadro do humanismo moderno, duas grandes experiências nos trazem alegria porque dão sentido à nossa vida e nos tornam mais humanos, mais abertos aos outros e mais amorosos. Talvez nos façam também mais amáveis, no sentido de merecedores do amor, porque nos deixa mais singulares, menos substituíveis, menos intercambiáveis. A primeira experiência é a de uma ampliação do horizonte que nos arranca de uma parte de nós mesmos, de certos enraizamentos particulares. Quero começar aqui mostrando como o fato de nos descentralizarmos, de abrirmos as janelas para o mar aberto, de nos desligarmos de nossas particularidades de origem, da família (afinal, um dia é preciso deixar os pais, o que não significa em absoluto romper com eles), da nação, descobrindo outros países e outras línguas, em suma, o fato de nos emanciparmos dos comunitarismos que nos aprisionam nos limites do espírito tacanho é ao mesmo tempo doloroso e, no entanto, fonte de alegrias indescritíveis. A segunda experiência parece, a priori, o inverso da primeira: é a da singularização de nossas personalidades à medida que avançamos na existência e que percorremos as etapas da vida. A verdade é que, paradoxalmente, embora pareça contrária à ampliação do horizonte, a singularização é o principal efeito desta. Para compreender isso, é preciso começar tendo uma ideia clara do que é abrangido aqui pela noção de "singularidade", uma noção cara à filosofia de Kant, e também, um pouco mais tarde, ao romantismo alemão. Como veremos a seguir, convém evitar confundi-la com a de "particularidade", que, no entanto, à primeira vista parece próxima.

Expliquemos esse preâmbulo.

O PARTICULAR, O SINGULAR E O UNIVERSAL OU COMO OS INDIVÍDUOS PODEM TORNAR-SE INSUBSTITUÍVEIS

O particular é aquilo que pertence totalmente a uma história e uma geografia, a um tempo e um espaço restritos. O caso típico é o artesanato local, que existe em quase todas as regiões do mundo. Às vezes é simpático, divertido à primeira vista, mas, com o tempo, torna-se cansativo e jamais grandioso: sob o efeito do turismo de massa, o folclore de um país e de uma época tende inevitavelmente a se transformar em quinquilharia. E nisso, segundo uma dialética que Hegel não renegaria, o particular se transforma em seu oposto, em um "universal abstrato", em produto intercambiável, uma mercadoria indiferenciada, substituível por milhares de outras idênticas. É o caso daquelas torres Eiffel de latão vendidas no Champ de Mars, em Paris, ou daquelas miniaturas de ônibus coloridos, cheios de caixas de frutas, que se encontram por todo lado nas ruas de Bogotá. O particular, portanto, transforma-se em universal segundo uma dialética que todos os hegelianos conhecem, já descrita no primeiro capítulo da *Fenomenologia do espírito*:[1] sempre que eu creio apreender o particular visando o aqui e agora – por exemplo, quando digo ao telefone "sou eu!", subentendendo que sou eu mesmo, aqui e agora –, e creio com isso exprimir uma particularidade absoluta, na verdade só faço dizer o que todo mundo diz. O "todo mundo" pode ser qualquer outra pessoa, um "eu, aqui, agora", e com isso a pretensa "particularidade absoluta" se transforma numa abstração das mais comuns. Esse "eu mesmo pessoalmente" não expressa a intimidade mais íntima, mas sim o qualquer um e o qualquer coisa. É o que ocorre com o artesanato local: sua particularidade inicial se transforma em quinquilharia comercial, em universal abstrato, em uma mercadoria trocável e substituível à vontade. E por isso não tem nada de muito amável nem de muito admirável, não tem nada de uma obra de arte verdadeiramente singular e, aliás, seu preço reflete isso: ele não vale grande coisa.

Em oposição ao particular temos então o universal, e é sobretudo nas verdades da ciência que ele encontra sua expressão mais absoluta. Mas aqui também não estamos na esfera do amável, do insubstituível. O famoso "2 + 2 = 4" não chega a ser um objeto de amor e, assim como o particular, é absolutamente comum, absolutamente banal. Vale o mesmo para todo mundo, em qualquer tempo e em qualquer lugar. Ou seja, em termos de amor e de admiração, de alegria ou de felicidade, ele tampouco vale grande coisa.

O singular, por sua vez, é o particular que se faz universal. Não é abstrato e intercambiável, mas, ao contrário, é concreto e único. O modelo mais perfeito disso se encontra na obra de arte e também no próprio ser humano, no indivíduo de experiência, na pessoa que viveu. O singular nos faz então entrar no domínio do insubstituível, e portanto do amável, do que nos faz felizes. Como acabo de dizer, ele é síntese, a reconciliação entre o particular e o universal. Por exemplo, toda obra de arte é, de início, particular. Como o folclore, ela nasce forçosamente em um contexto histórico e geográfico único. Mesmo sem ser um grande historiador, você pode observar muito bem, por exemplo, que um templo grego como a Acrópole pertence à Antiguidade, que uma catedral não é uma construção moderna, que tampouco surgiu na China ou na Índia etc. Mesmo sem ser um grande melômano nem ter devorado tratados de harmonia, você percebe que um concerto de Mozart é mais antigo do que uma obra de Ravel, que uma dança húngara ou uma polonesa se inspiram no folclore dos países do Leste, que uma sonata de Enescu transfigura árias ciganas etc. Mas, diferentemente do artesanato local, a verdadeira obra, a "grande obra", como se diz, transcende as particularidades para atravessar as fronteiras e dirigir-se ao mundo inteiro, para sensibilizar todos os públicos e fazer sentido para eles. Toca-se Mozart, Bach ou Ravel em Beijing com o mesmo sucesso que em Londres, Paris, Nova York ou Berlim. Por conseguinte, o particular se torna não um universal vazio e padronizado, mas um universal concreto, uma entidade única, singular, insubstituível, e com isso se eleva até o amável, e mesmo o grandioso, suscitando então uma alegria também incomparável.

Pois bem, esse processo de singularização não vale somente para as obras de arte e de cultura, mas também para nossa vida, para a existência humana que, moldada pela experiência, não cessa de singularizar-se em algum grau. Fazer de sua vida uma obra de arte, não em um sentido "estético" superficial ou, pior ainda, narcísico, não no sentido daquele "cuidado de si" de que Foucault discorre estranhamente, mas no sentido de que, ampliando o horizonte e desfazendo-se das particularidades de origem é que, muito paradoxalmente, a pessoa se singulariza, se humaniza, se torna ao mesmo tempo mais universal concreto e mais insubstituível. Ora, pensando bem, veremos que esse processo é simultaneamente doloroso e prazeroso; doloroso porque o desenraizamento é forçosamente penoso, mas prazeroso porque é também isso que nós amamos acima de tudo nos outros, tal como eles o amam, se for o caso, em nós. Como mostrei em meus trabalhos sobre a mitologia, é muito provável que venha daí a sedução que Ulisses exerce sobre todos aqueles que, homens ou mulheres, cruzam seu caminho. Sob esse aspecto, o caso dele merece que o examinemos um pouco melhor.

A SINGULARIDADE DE ULISSES, O HERÓI QUE AMPLIA O HORIZONTE

Como sabemos, Ulisses é inteligente, provido daquilo que os gregos chamam de "*métis*": a astúcia. Ninguém duvida também de que ele é vigoroso, hábil e corajoso. Tudo isso é incontestável. Há, porém, muito mais: Ulisses é naturalmente curioso. Gosta de compreender, de saber, de conhecer, de descobrir países, culturas, seres diferentes dele. Desde as primeiras linhas da *Odisseia*, tomamos conhecimento de que ele não é somente o "herói dos mil estratagemas", como diz Homero, nem o "saqueador de Troia". Ulisses possui no mais alto grau aquilo que Kant chama de "pensamento ampliado": a curiosidade por outrem, a vontade constante de ampliar os horizontes, um desejo de abertura tão forte que às vezes o conduz a enfrentar inutilmente o perigo. É o que acontece com ele na ilha dos Ciclopes, devido ao seu desejo em saber se aqueles gigantes seriam "comedores de pão", isto é, seres civilizados, semelhantes aos humanos, que respeitam os deuses e as leis da hospitalidade, ou se, ao contrário, se seriam monstros sem fé nem lei. É essa curiosidade que o impele a ampliar incessantemente o horizonte, é ela que acaba por torná-lo um humano autêntico, um homem de experiência, que exerce uma sedução à qual poucos resistem, porque ele é forte e tem mil coisas a contar, tanto às mulheres quanto aos homens. Ulisses é um adulto, "um homem de verdade", como se diz nos romances água com açúcar, um sábio, cheio de experiência, um ser singular, insubstituível e, por essa razão, incrivelmente sedutor.

Certa vez, uma jornalista brasileira me fez uma pergunta que, na hora, me deixou sem palavras. Eu estava falando desse famoso "pensamento ampliado", evocando Ulisses, Kant e um poema de Victor Hugo chamado "Booz adormecido", que citei muitas vezes em meus livros e que transmite a mesma mensagem. Ela, então, me perguntou por que a meu ver era tão importante "ampliar o pensamento". Observou que, na praia de Copacabana, ao lado do lugar onde conversávamos, havia jovens jogando vôlei, despreocupados e musculosos, bronzeadíssimos e felizes por viverem suas vidas como uma brincadeira inocente e incessante. Desviá-los de seu divertimento, tão agradável, em nome de quê? E sobretudo, considerando que por milagre eu encontrasse uma resposta, como convencê-los a deixar a praia e o jogo para mergulhar na leitura de Homero ou ampliar os horizontes por meio de alguma viagem, mesmo que nem um pouco intelectual? Depois me ocorreu a resposta que, sem dúvida, tanto Ulisses como Victor Hugo poderiam dar: nenhuma mulher consegue viver muito tempo com um garotão mimado, que não conhece nada, que não tem nada para contar. Se ele for muito jovem e muito bonito, ela pode até gostar de levá-lo para a cama, tal como as ninfas fizeram com os companheiros de Ulisses. Mas, com uma deusa como Circe ou Calipso, ou uma mulher determinada como Penélope, é melhor equilibrar a balança. Eis por que Ulisses suplanta todos os pretendentes, todos aqueles jovens ricos e, sem dúvida, igualmente fortes e belos. Ele os supera não somente pela astúcia e pelo vigor – que lhe vêm dos deuses –, mas também pela sedução do homem realizado, um encanto que vem dele, de suas viagens e de suas provações, daquilo que ele soube fazer com tudo isso, e de nenhum outro lugar. Ulisses poderia ter sido eternamente jovem, belo e forte. Não esqueçamos que, após ter visto a morte de frente, é em pleno conhecimento de causa que ele recusa a oferta de imortalidade e de juventude feita pela ninfa Calipso; ele escolhe envelhecer e aceita um dia morrer, porque, em última análise, embora funesta, essa sorte é uma indispensável condição de acesso àquela humanidade que é a única a poder fazer de um homem um ser realmente singular e, por isso mesmo, encantador, amante e amado.

Por que os dois processos inseparáveis – a ampliação do horizonte de pensamento, de um lado, e a singularização, de outro – são indissoluvelmente fonte de dor e de alegria? Examinemos isso um pouco mais de perto.

AMPLIAR OS HORIZONTES: A EXPERIÊNCIA DE NOSSAS DISCUSSÕES ESTÉTICAS

Em nossas discussões sobre a arte e os critérios do gosto, existe algo de perturbador que convém logo assinalar, uma dimensão que Kant compreendeu admiravelmente e que resulta das contradições nas quais somos imediatamente mergulhados. Por um lado, o famoso provérbio "a cada um, seu gosto lhe parece o melhor do mundo" – ou a sentença que não passa de uma versão mais explícita dele, *de gustibus et coloribus non disputandum est*, ou seja, gostos e cores não se discutem – parece se impor naturalmente. Segundo o chavão mais batido, o gosto seria puramente subjetivo, de modo que, em última análise, nem sequer deveríamos debater a respeito. No entanto, nós não paramos de falar sobre determinado assunto, de brigar por causa de uma peça de teatro, de um livro ou de um filme, de uma música ou de uma exposição, dos quais um gostou e o outro não. É como se, apesar de tudo, tivéssemos a esperança, se não de demonstrar o que quer que seja stricto sensu, ao menos de argumentar ou de convencer, de conseguir fazer outras pessoas compartilharem um aspecto de nosso ponto de vista.

Por outro lado, sabemos muito bem que estamos num terreno subjetivo, que não existe demonstração realmente possível, que sem dúvida é inútil tentar provar rigorosamente que uma coisa é bela ou admirável, e que o outro estaria errado em não gostar dela. Ainda assim, não conseguimos nos impedir de discutir a respeito, de debater, de buscar argumentos novos, como se ao outro não fosse permitido *não* compreender o que nos tocou ou nos chocou. Em suma, nos comportamos como se nosso interlocutor, enquanto ser humano em geral, participasse de uma experiência comum, de uma experiência sobre a qual deveríamos poder estar de acordo, ainda que parcialmente. Ainda que, sobre nossos desacordos, em última análise chegássemos ao menos a compreender nossas divergências, mesmo sem nos submetermos a elas, da mesma maneira como faríamos diante de uma demonstração matemática.

Kant tirará daí uma conclusão de nossos debates estéticos, a saber, que o belo não é redutível ao verdadeiro (do contrário, poderíamos demonstrá-lo) nem ao agradável (do contrário, nem sequer discutiríamos; não se discute com alguém porque ele é alérgico a frutos do mar). Segundo Kant, é justamente essa situação, estranhamente intermediária, que vai estar na origem de nossas disputas estéticas, da antinomia do gosto entre o classicismo, que reduz erradamente o belo ao verdadeiro, e o sentimentalismo, que também erroneamente o reduz ao agradável.

Contudo, insisto: o belo não é, com toda a evidência, nem um nem outro. Se, como pensam os clássicos franceses, o belo coincidisse com o verdadeiro, de lá para cá isso já seria comprovado. A questão teria sido resolvida como se soluciona um problema relativo aos casos de igualdade dos triângulos. Ao mesmo tempo, bem se percebe, mesmo que só intuitivamente, que o belo tampouco é redutível ao agradável, assim como a estética não é à arte culinária. Se alguém que for jantar em sua casa não gosta de ostras, você não vai preparar uma iguaria com elas, nem passar a noite convencendo essa pessoa do contrário. Simplesmente registra a informação, e a discussão se detém aí. Talvez você diga que é uma pena, mas só isso. Em contraposição, se um de seus convidados for um apaixonado por arte contemporânea, se ele adora a música atonal e a arte conceitual, e você só vê nelas impostura e esnobismo, há grande chance de que a discussão se estabeleça, de que o tom se eleve e até de que vocês acabem trocando alguns insultos. O que comprova, se fosse necessário, que a arte não é redutível à arte culinária, nem o belo ao agradável, que ele não coincide nem com a verdade científica nem com o que agrada aos sentidos. Daí o caráter perturbador dessas querelas estéticas que nos obrigam a ampliar os horizontes, a fazer o possível para compreender o ponto de vista oposto ao nosso, com risco de rejeitá-lo no final do percurso. É nessa ampliação do pensamento que nós nos humanizamos e que, por assim dizer, entramos mais em comunhão com outrem. Paradoxalmente, é também no decorrer desse processo que nossa existência se singulariza incessantemente, cada vez mais.

Para ilustrar essa noção de humanização de nossa vida pelo duplo processo de ampliação e de singularização, em meu livro *Aprender a viver: Filosofia para os novos tempos*[2] eu evoquei o exemplo de Vidiadhar Surajprasad Naipaul, escritor de língua inglesa nascido na ilha de Trinidade e Tobago e vencedor do Nobel de literatura em 2001. Em seu discurso na cerimônia da premiação, ele explica como conseguiu sair de sua comunidade de origem para ampliar os horizontes e assim entrar na esfera do universal concreto. O que é apaixonante nesse discurso é a maneira pela qual ele descreve como esse desenraizamento, inicialmente doloroso, permitiu-lhe não só compreender os outros como também ter a felicidade de, por fim, compreender a si mesmo, algo que ele jamais teria conseguido se tivesse permanecido prisioneiro de seu pequeno grupo. O escritor descreve então, de maneira comovente, a alegria que esse longo processo de saída de si lhe trouxe no final; o sofrimento inicial do distanciamento se transformara pouco a pouco naquela preciosíssima serenidade que a inteligência de si e dos outros proporciona por ela mesma, aquela abertura para outrem que permite chegar a amar aquilo que, no começo, a pessoa ignorava e temia.

Permitam-me relembrar aqui alguns trechos do discurso de Naipaul:

> Nós outros, indianos imigrados [...], levávamos nossa vida de maneira essencialmente ritualizada e ainda não éramos capazes de realizar a autoavaliação necessária para começar a aprender [...]. Recém-chegados a Trinidade, formávamos uma comunidade em desvantagem, e essa ideia de exclusão era uma espécie de proteção que nos permitia, só por um momento, viver à nossa maneira e

> segundo nossas próprias regras, viver em nossa própria Índia que se apagava. Por isso um extraordinário egocentrismo. Olhávamos para dentro; cumpríamos nossas jornadas; o mundo exterior existia numa espécie de escuridão; não nos interrogávamos sobre nada...

E Naipaul explica como, depois que se tornou escritor, "essas zonas de trevas" que o cercavam na infância — isto é, tudo o que estava mais ou menos presente na ilha, mas que o recolhimento sobre si mesmo o impedia de ver: os aborígines, o Novo Mundo, a Índia, o universo muçulmano, a África, a Inglaterra — logo irão constituir os temas de predileção que lhe permitirão um dia, após tomar alguma distância de sua particularidade de origem, escrever um livro sobre sua ilha natal. Compreende-se desde já que todo o seu itinerário de homem e de escritor — aqui, os dois são inseparáveis — consistiu ao mesmo tempo em ampliar os horizontes e em singularizar-se fazendo um gigantesco esforço de "descentralização", de desenraizar-se de si mesmo, com pretensão de conseguir apropriar-se das famosas "zonas de sombra" em questão. Portanto, o ponto de partida foi doloroso; o ponto de chegada, cheio de alegria e de felicidade.

Depois ele acrescenta o seguinte, que talvez seja o essencial:

> Mas, quando concluí esse livro, tive a sensação de que havia extraído de minha ilha tudo o que podia. Por mais que eu me esforçasse, nenhuma outra história me ocorria. O acaso veio então em meu socorro. Tornei-me viajante. Fui às Antilhas e compreendi bem melhor o mecanismo colonial do qual havia feito parte. Estive na Índia, pátria dos meus ancestrais, durante um ano; essa viagem partiu minha vida em duas. Os livros que escrevi sobre essas duas viagens me alçaram em direção a novos domínios de emoção, me deram uma visão do mundo que eu jamais tivera, me ampliaram tecnicamente.

Não há nenhuma renegação aqui, nem renúncia às particularidades de origem. Somente um distanciamento, uma ampliação (e é muito notável que o próprio Naipaul utilize esse termo) que permite apreendê-las sob uma outra perspectiva, menos imersa, menos egocêntrica, menos particularista. É por essa perspectiva que a obra de Naipaul, longe de se limitar como um artesanato local ou um simples registro do folclore, pôde se elevar ao nível de "literatura universal". Com isso quero dizer que ela não é reservada ao público dos "indígenas" de Trinidade, nem mesmo ao dos antigos colonizados, porque o itinerário que ela descreve não é somente particular: possui uma significação humana universal que, para além da particularidade da trajetória, pode atingir todos os seres humanos e fazê-los refletir.

Em nível mais profundo, o ideal literário, mas também existencial que Naipaul delineia aqui, significa que precisamos nos desvencilhar do egocentrismo. Precisamos dos outros para compreender a nós mesmos, precisamos da liberdade deles e, se possível, de sua felicidade, ainda que frágil e provisória, para realizar nossa própria vida. Com isso, a consideração da moral aponta, por assim dizer por si mesma, para uma problemática mais alta: a do sentido. Na Bíblia, conhecer significa amar. Para expressar as coisas um pouco mais brutalmente: quando dizemos que "ele a conheceu biblicamente", isso significa que "ele fez amor com ela". A problemática do sentido é uma secularização dessa equivalência bíblica: se, no fundo, conhecer e amar são uma só e a mesma coisa, então, o que acima de tudo dá um sentido à nossa vida, o que fornece uma orientação e ao mesmo tempo uma significação, é de fato o ideal desse pensamento ampliado que nos singulariza. Convidando-nos à viagem, estimulando-nos a sair de nós mesmos para melhor nos encontrarmos – é isso que Hegel denominava a "experiência" –, somente ela permite que conheçamos melhor e amemos melhor os outros.

POR QUE DAR SENTIDO À NOSSA VIDA NOS TORNA MAIS FELIZES?

Num dia em que uma revista nos reunira para um debate, Boris Cyrulnik me contou esta pequena fábula que ele havia encontrado, creio, em algum livro de Péguy. Um carro precisa parar na estrada por causa de uma obra. Um operário está quebrando pedras com uma pesada marreta, o semblante transfigurado pelo esforço e pela fadiga. "O que o senhor está fazendo?", o motorista o interroga. "Preparando argamassa", responde o operário, "com chuva ou com vento, um trabalho de burro de carga!" O sujeito do carro retoma o trajeto e topa com um segundo canteiro de obras, idêntico ao primeiro. Também ali, um homem tritura pedras, só que parece mais sereno. À mesma pergunta, a resposta é diferente: "Sim, este ofício é penoso, é verdade, mas pelo menos permite trabalhar ao ar livre e alimentar a família, o que não é tão ruim assim!". Nosso condutor parte de novo e encontra um terceiro canteiro. Mesmo trabalho, mesma marreta pesada. Mas, desta vez, o homem exibe uma expressão beatífica, a face iluminada. Intrigado, o motorista repete a pergunta: "O que o senhor está fazendo? Parece muito feliz!". "Eu?", responde o infatigável operário. "Estou construindo uma catedral. Isso me esgota, não nego, mas mantenho os olhos e a cabeça mais no céu do que na terra, e isso me enche de alegria."

Tal resposta, é claro, revela a moral dessa pequena fábula, à qual não falta profundidade. Nela, vemos como a mesma coisa pode ser diferente, assim como a ideia de felicidade. Melhor dizendo, a alegria de viver supõe mais que o bem-estar propriamente dito; na verdade, exige que levemos em conta a dimensão do sentido. Ele é o elemento essencial, aquele que sem dúvida faz a diferença entre o animal e o humano. Ora, para que serve envelhecer, se não para ampliar os horizontes? Para isso e talvez para nada mais. Para ampliar a visão, para aprender a amar a singularidade dos seres, assim como a das obras, e às vezes, quando esse amor é intenso, para viver a supressão do tempo que a presença dele nos dá. Com isso nós conseguimos, mas só por momentos, como pensavam os gregos, nos libertar da tirania do passado e do futuro.

6. Aprender e criar

Sofrimentos e alegrias do conhecimento

Primeiramente, notemos que o termo francês "*apprendre*" tem dupla significação: aprender, adquirir conhecimentos, mas também transmiti-los, ensiná-los e compartilhá-los com outrem. Essa dualidade faz sentido: só conhecemos bem aquilo que somos capazes de ensinar; e, reciprocamente, só ensinamos bem aquilo que aprendemos e compreendemos o suficiente para transmitir. Como se costuma dizer, esta é então uma "verdadeira felicidade". Eu gosto acima de tudo de compartilhar meus conhecimentos com as outras pessoas, permitir que elas possam tirar proveito deles, não os guardar para mim. Ocorre o mesmo diante de uma paisagem magnífica, de uma tela magistral que nos impressiona: não queremos estar sozinhos, desejamos que haja alguém ao nosso lado, para degustarmos juntos o sabor. Com frequência, as grandes obras filosóficas são difíceis de penetrar; às vezes, como as de Kant ou as de Hegel, quase impossíveis de decifrar para o comum dos mortais; porém, uma vez que o conseguimos, uma vez que elas se tornam claras para nós, as alegrias que a compreensão delas proporciona são indizíveis, incomparáveis. Mantê-las para si mesmo, proteger-se dos outros falando a língua dos eruditos de Molière, como fazem às vezes certos colegas ciumentos de seus saberes, a meu ver seria um crime. Eis por que consagrei grande parte da minha vida a lecionar na universidade, desde o mais alto grau de ensino, quando preparava meus alunos para o doutorado ou para o concurso em magistério superior, mas até também lá fora, junto ao grande público.

Ao longo de todas as reflexões que vão servir de fio de Ariadne a este capítulo, será necessário ter em mente esse duplo significado do termo. Mas também é preciso fazer a ligação entre aprender e criar, isto é, inventar, construir, erguer um edifício real ou simbólico, material ou intelectual, a partir daquilo que se aprendeu. Os dois momentos, a meu ver, são inseparáveis, sobretudo se os lermos a partir do final da sequência: é impossível criar sem ter aprendido. Os criadores, mesmo os mais inovadores, não partiam do nada. Bach conhecia admiravelmente as partituras de Vivaldi; Chopin, Brahms e Schumann leram e escutaram como ninguém a obra de Bach. Todos eles conheciam os tratados de análise e de harmonia, todos dominavam um instrumento. Quanto a Picasso, Schönberg ou Kandinsky, que são os verdadeiros pais fundadores dessa arte moderna que hoje se costuma considerar como a mais inovadora dentro da história da cultura ocidental, também eles conheciam a música. Sabiam pintar ou compor tão bem quanto seus predecessores das artes figurativas e da música tonal. É preciso dizer e repetir aos nossos filhos: aprender nunca é inútil, os gênios não florescem sobre uma tábula rasa, sobre a secura do asfalto, mas sobre um terreno fértil já trabalhado pelas gerações passadas e enriquecido pelos anos.

Aqui, me limitarei a duas perguntas.

A primeira, claro, é aquela que dá vida a todo este livro: afinal, o que pode nos fazer felizes no conhecimento? Melhor dizendo, o que pode nos proporcionar tais momentos de alegria no próprio fato de aprender, de adquirir conhecimentos? Isso não é, sobretudo, penoso? O trabalho intelectual, especialmente o escolar, não é por essência tedioso, maçante, no mínimo cansativo, para não dizer doloroso, como a célebre etimologia da palavra "trabalho" incita a pensar? Vejam nossas crianças e a dificuldade que temos na maioria das vezes para fazê-las trabalhar, fazê-las aprender suas lições... E esse é justamente o objeto de minha segunda pergunta: de onde vem o sentimento de que o gosto por aprender parece, de algum modo, menor, para não dizer corrompido no mundo de hoje e, singularmente, no seio das novas gerações? Alguém argumentará que essa observação é subjetiva, que ela demonstra sobretudo uma prevenção pessimista, aquela dos pensamentos de declínio que quase sempre ganham terreno entre os ameaçados de velhice. É o caso dos *laudator temporis acti*, encomiasta dos tempos idos, ou como dos, como gostava de dizer meu amigo Jerphagnon, que consagrou um livrinho a este clichê: "Antigamente era melhor!". Mas não tenho nenhuma simpatia pelos discursos da derrelição, o famoso tema do declínio do Ocidente, nem *a fortiori* pelas ladainhas antimodernas que os "republicanos" oficiais nos servem ano após ano em tantas obras. Jamais idealizei a Terceira República, seus uniformes cinzentos e suas canetas Sergent-Major – aliás, daqui a pouco explicarei o porquê. Simplesmente, vejo os fatos e constato, entre as novas gerações, um incontestável declínio do domínio sobre os saberes fundamentais – também voltarei ao assunto de maneira, infelizmente, não muito refutável.

A pergunta é simples, mas a resposta está longe de ser evidente: Por quê?

Comecemos pelo primeiro ponto.

POR QUE APRENDER NOS DEIXA(VA?) FELIZES: O PONTO DE VISTA DE PLATÃO

Partamos de uma experiência muito simples e banal, para não dizer das mais comuns: a do prazer que sentimos em organizar a desordem, em dar harmonia ao caos, ainda que a operação inevitavelmente possa causar certo aborrecimento. Arrumar a própria escrivaninha, a papelada, a biblioteca, não há nada mais enfadonho! Esperamos dias, às vezes semanas ou meses, até tomarmos coragem. Mas, chegado o dia, a desordem e o caos se reduzem pouco a pouco, a arrumação e a harmonia recuperam o direito de cidadania. Em suma, o irracional ganha forma e de algum modo torna-se inteligível, os livros e as pastas ficam finalmente alinhados e classificados segundo critérios que fazem sentido. Então, também pouco a pouco, o enfado cede espaço não somente ao sentimento moral do dever cumprido, mas também àquela sensação, ao mesmo tempo intelectual e estética, de que a ordem inteligível, por mais penosa que seja de estabelecer no início, apesar de tudo é mais satisfatória do que o caos. Desse sentimento singular e, mais genericamente, do prazer de conhecer propriamente dito, dois grandes filósofos tentaram dar uma explicação que vale a digressão: Platão e Kant.

Sobre Platão serei breve, pois em outros livros já expus com mais profundidade sua tese sobre o assunto. Limito-me a fazer um breve resumo sobre sua visão das coisas: segundo ele, o prazer de aprender, a alegria sentida com a aquisição de conhecimentos enquanto tal (refiro-me aqui ao processo em si, mais do que ao resultado; à aprendizagem, mais do que ao simples fato de possuir saberes constituídos), é única, incomparável. Por quê? Porque é o único prazer que não é precedido de uma falta, de um sofrimento. Vejam a fome, a sede ou o desejo sexual: antes de ser aplacado, o desejo, que sempre precede a satisfação, de início é doloroso, carrega consigo a falta, o negativo. Se não tivesse sede, se a falta não estivesse presente, eu não sentiria nenhum prazer em beber água. É preciso que haja falta, ausência e, portanto, de algum modo sofrimento, para que haja prazer. Aliás, é dentro dessa lógica intrinsecamente contraditória, trágica, no sentido próprio, que Montaigne vê o principal estorvo do casamento: como o ser amado está presente o tempo todo, o desejo tende a desaparecer. Desse modo, dizia ele (cito de memória), o casamento é uma gaiola feita de tal maneira que os pássaros que estão fora sonham entrar nela, enquanto os que estão dentro só pensam em sair.

Já no caso do conhecimento, ao contrário, segundo Platão, o prazer de aprender não é precedido de nenhuma falta real. Por quê? Porque o conhecimento é reconhecimento, anamnese, rememoração. Segundo a teoria platônica da verdade, nós já encontramos as ideias verdadeiras antes de nosso nascimento, antes de nossa alma cair em um corpo, antes que ela se encarnasse nesta prisão (*sema*) que é o corpo (*soma*). Com essa teoria da verdade em três tempos (a pessoa a conheceu, esqueceu-a no momento do nascimento e vai reencontrá-la por rememoração, graças ao diálogo socrático) é que Platão respondia ao famoso sofisma segundo o qual quem busca a verdade jamais poderá encontrá-la. Quero lembrar aqui a argumentação sofística: se nós buscamos a verdade, é porque, com toda a evidência, não a detemos por definição. Mas como reconhecê-la entre as opiniões corriqueiras, entre as opiniões correntes, se já não dispusermos de um critério verdadeiro, de um critério que nos permita distinguir o verdadeiro do falso? É necessário já possuir "um critério verdadeiro do verdadeiro" para fazer essa distinção, de modo que é necessário já possuir a verdade para encontrá-la! Resposta de Platão: na realidade, já conhecemos a verdade; nós a encontramos quando nossa alma ainda não estava encarnada, quando estava no céu do mundo inteligível; mas nós a esquecemos, em um segundo momento, o do nascimento, e agora é preciso reencontrá-la por rememoração, por anamnese, em um terceiro momento, portanto. Daí a arte da maiêutica socrática, que não traz ao discípulo conhecimentos do exterior, mas, ao contrário, limita-se a fazer com que ele os reencontre a partir de dentro, por si mesmo: "Conhece-te a ti mesmo e conhecerás a verdade", prega o discurso socrático. Assim, o conhecimento é o único desejo (deseja-se a verdade) a não ser precedido por uma falta, mas sim por uma plenitude simplesmente esquecida. Que felicidade quando a pessoa a reencontra, como se tivesse finalmente chegado ao porto, voltado para casa! Note-se, de imediato, que essa teoria da verdade, de uma profundidade abissal, percorrerá toda a história da filosofia até Marx, Freud ou Heidegger: sempre reencontraremos o mito de uma origem perdida e depois recuperada — o comunismo primitivo, a felicidade fetal, a questão do Ser ainda presente entre os gregos antes de ser esquecida pela metafísica...

POR QUE APRENDER NOS DEIXA(VA) FELIZES (BIS): O PONTO DE VISTA DE KANT

É em pleno século XVIII, na esteira da grande revolução científica das Luzes, que Kant por sua vez aborda a questão do prazer de aprender e de conhecer. Dará a ela uma profundidade ainda insuspeitada. Sua análise, propriamente genial, consiste em mostrar que o processo de aquisição dos conhecimentos é, no sentido etimológico do termo, "entusiasmante": ele nos faz entrar na esfera do divino (*en theos*), de modo que o conhecimento, mesmo para o mais ateu dos estudiosos, possui uma dimensão ao mesmo tempo estética e espiritual.

Em poucas palavras, eis o motivo.

Para começar, admitamos que todos nós, crentes ou não, possuímos a ideia de Deus. Isto é, a ideia de um ser onisciente, que saberia literalmente tudo, e que portanto seria como o Deus de Espinosa ou de Leibniz, o detentor da ciência plena, daquilo que Hegel chamará o "saber absoluto". Analisemos por um instante o que essa ideia carrega. Pouco importa, aqui, que ela seja verídica ou ilusória: acreditando ou não, podemos conceber, imaginar (à falta de compreender) que, sob o ponto de vista de Deus, do conhecimento perfeito, o sensível e o inteligível, a matéria e o espírito, seriam enfim perfeitamente idênticos, transparentes um para o outro. Uma vez que Deus saberia tudo, que seria onisciente, para ele já não haveria nenhum tipo de opacidade. Se existisse e correspondesse à ideia que se tem dele, Deus seria o Ser supremo, aquele que vê tudo, que penetra todas as trevas, tanto as das paredes e das moléculas quanto as do menor grão de areia numa praia da Polinésia. Ele veria os átomos, os micróbios, as partículas elementares, saberia o que se passa em cada lar, assim como nos mínimos recônditos dos corações humanos. Em suma, a matéria e o espírito, o sensível e o inteligível, seriam para ele somente um e, em seu entendimento, todas as verdades, todas as leis científicas se encontrariam bem organizadas sob a forma de sistema total, umas ao lado das outras. O entendimento divino responderia assim a uma questão metafísica clássica: onde estão as verdades quando os sábios ainda não as descobriram? Onde estava a teoria da relatividade antes de Einstein? Resposta: no entendimento divino.

É daí que vem o prazer propriamente *entusiasmante* do conhecimento como tal, independentemente de toda utilidade técnica ou comercial que se possa extrair dele. Quando faço uma descoberta, quando aprendo alguma coisa forte, importante, quando percebo um real progresso em meus conhecimentos, mesmo que eu seja totalmente ateu, não posso me impedir de ser tomado pelo sentimento de que me aproximo do divino, de que participo de algum modo do saber ideal que seria o de um Deus ou de um sábio perfeito, e com isso fico, de fato, literalmente "entusiasmado". Lembro-me de que, ainda muito jovem, ao traduzir a primeira *Wissenschaftslehre* de Fichte, sem dúvida o texto mais difícil de toda a história da filosofia, conheci tais momentos de alegria quando, após centenas de horas de trabalho obstinado, as coisas finalmente haviam se encaixado. Tudo começava a fazer sentido, a formar em minha mente uma nova e fascinante visão do mundo, e por vezes levantei-me da escrivaninha com o coração batendo, literalmente entusiasmado, de fato, porque eu havia compreendido enfim a terceira antinomia ou o sentido da síntese da determinabilidade...

Um sentimento quase religioso, portanto, mas também estético. Por quê? Também aqui, não é nada evidente. Segundo Kant, o prazer que a beleza proporciona é da mesma ordem que o prazer do conhecimento. De fato, a obra de arte é um objeto estranho, improvável, ousado, que também como por milagre reconcilia o sensível e o inteligível, o material e o espiritual. "Romance sem palavras", dizia Mendelssohn sobre sua música: num coral de Bach ou num prelúdio de Chopin, tudo se passa como se o sensível se fizesse inteligível por si mesmo, como se as notas falassem, contassem uma história cheia de sentido e de sentimentos, tal como nós narramos um conto de fadas a uma criança. Só que, no caso da música, não há palavras, não há texto, não há conceitos racionais identificáveis. "*Analogon rationis*", dizia Baumgarten em *Aesthetica* (1750), o primeiro livro a trazer esse título em toda a história da humanidade (uma obra escrita em latim, da qual publiquei alguns excertos em tradução em meu *Homo Aestheticus*). Vejam o vínculo com o conhecimento: todo progresso na compreensão do mundo ou de si reconcilia um pedaço do sensível com uma parte de inteligível, racionaliza um material bruto a priori desprovido de sentido e por isso evoca a ideia de um entendimento divino. Da mesma maneira, a obra de arte, ao harmonizar o sensível e o inteligível, simboliza a mesma ideia e nos proporciona assim o prazeroso sentimento de participarmos um pouco desse entendimento, de sermos de alguma forma beneficiários dele, de nos tornamos de algum modo melhores, menos animais, menos materiais, mais espirituais. Espiritualização, divinização do humano, isto é, humanização do humano pelo processo de aprendizagem dos saberes...

Resumidamente, é também por essa razão que a música da dissonância, dodecafônica ou serial, não pode e por essência jamais poderá proporcionar esse sentimento. Ela jamais poderá ilustrar o divino, mas apenas seu oposto, o *diabolos*, aquilo que divide, dilacera, difere, altera... Portanto, não é em absoluto por acaso que, existindo há mais de um século, ela continue não encontrando o público. Não é porque este último seja estúpido, porque ceda à facilidade, como diziam os defensores mais fanáticos da atonalidade, mas porque o sentimento estético, assim definido como síntese entre o sensível e o inteligível, por essência não pode encontrar nada nesse tipo de música, pois o que se busca com ela é justamente a dissonância como tal. Aliás, Bach, Stravinsky ou Ravel não têm nada de "fáceis", mas nem por isso deixam de atrair o grande público no mundo inteiro. Na história da música, foi-se tão longe quanto possível, especialmente com Wagner e seus famosos acordes indeterminados, impossíveis de classificar numa tonalidade definida. Houve também Debussy e Bartók, por exemplo, na lógica da dissonância maior que ainda pode encontrar sua resolução em uma nova harmonia mais rica do que as antigas, estando o prazer estético ligado justamente a essa tensão máxima entre dissonância e resolução. Mas, a partir do momento em que a resolução é impossível, em que o retorno à harmonia é deliberadamente excluído, o prazer estético desaparece para sempre.

Portanto, eis por que, segundo Platão e Kant, com suas duas visões do mundo sem dúvida diferentes, mas – por que não? – complementares, o trabalho intelectual, embora cansativo e até penoso (penso no famoso mito da caverna, em que o prisioneiro deve, para chegar à verdade e deixar o mundo das sombras ilusórias, enfrentar uma luz que lhe queima os olhos e subir um caminho rochoso que lhe destroça os pés), apesar de tudo proporciona alegrias incomparáveis.

Então, por que existe esse sentimento de que alguma coisa do prazer de aprender se perdeu em nossas escolas atualmente?

UM NÍTIDO E INCONTESTÁVEL DECLÍNIO DO DOMÍNIO DA LÍNGUA

Recordemos alguns fatos que hoje em dia ninguém mais pode contestar. Em 1995, foram encontradas por acaso, durante a reforma de um velho edifício administrativo, nove mil cópias de certificados de estudos primários dos anos 1923, 1924 e 1925, que os arquivos do departamento de Somme haviam esquecido no fundo de um sótão. Essas cópias, corrigidas, não haviam sido destruídas após alguns anos, como as convenções em vigor na administração de nosso ensino orientam a fazer. Então ocorreu ao ministério a ideia de organizar uma comparação com os alunos de hoje, a fim de poder afinal resolver de maneira objetiva a famosa questão do nível que sobe ou que desce. Sendo o assunto, em si mesmo, altamente polêmico, de início foi tomado um grande cuidado para eliminar todos os "vieses", tudo o que pudesse falsear esse cotejo: foram escolhidas então populações a priori comparáveis em termos de idade, origem social, nível escolar etc. Só foram considerados os assuntos ainda pertinentes em relação aos programas e aos alunos de hoje. Levou-se em conta, é claro, que os professores da época só preparavam para o certificado de estudos entre 10% e 12% de seus melhores alunos, que eram treinados durante todo o ano etc. Tudo isso foi feito e, pode-se dizer, muito bem-feito, sob a liderança de Claude Thélot, então diretor de avaliação e de perspectiva de François Bayrou, ministro da Educação na época. Quero frisar que esse ex-aluno da Polytechnique, de sensibilidade sobretudo "progressista", havia defendido por toda a sua vida a ideia de que o nível estava subindo, e que ele pretendia finalmente confirmar sua tese.

Claro, o resultado é desigual segundo as diferentes áreas avaliadas. Mas, no que diz respeito ao domínio da língua propriamente dita, em especial o da ortografia e da gramática, infelizmente a pesquisa não deixa dúvida alguma. Embora o ministério tenha se empenhado em não humilhar ninguém, e sobretudo em não passar por "reacionário", as conclusões do relatório oficial são desalentadoras. Um número entre outros, mas significativo: na época dos certificados cometiam-se em média, nos ditados — um texto pequeno, com cerca de vinte linhas —, cinco erros de ortografia. Em 1995, nossos alunos cometiam... mais de dezessete! Hoje, possivelmente seriam até muitos mais. Podemos não ser fanaticamente apegados à ortografia, mas, ainda assim, trata-se de um sintoma interessante. Sobretudo, convém visualizar o aspecto que uma tal quantidade de erros dá a uma cópia de vinte linhas. O texto parece uma conversa de celular dos nossos adolescentes: palavras abreviadas, escrita fonética, erros de gramática estarrecedores quase em cada linha. Tentaremos nos consolar imaginando que tudo será melhor na área das exatas... Que nada: 67% dos nossos alunos saem da escola primária, na idade de dez ou onze anos, sem saber fazer uma multiplicação com vírgula...

Apesar dessas evidências, nos anos 1970 desejava-se eliminar a qualquer preço a ideia de que, em relação aos adultos responsáveis pela infância, o ato de educar e de ensinar primeiramente significava transmitir uma herança de saberes e habilidades – ao menos em grande parte. Acreditava-se que, graças aos métodos ativos, as crianças poderiam descobrir e reconstruir tudo por elas mesmas, que só dominariam verdadeiramente aquilo que tivessem "fabricado", para não dizer "inventado". Digamos sem rodeios: era um erro, erro que até hoje inspira muitos dispositivos populares como o da "mão na massa".* As pessoas se convenceram de que, custasse o que custasse, era preciso fundamentar o ensino sobre a autoconstrução dos saberes: autoditados, textos de invenção, trabalho sobre os materiais didáticos, redação pelos alunos dos regulamentos internos, construção de pequenos objetos lúdicos etc. Em suma, elevaram-se os métodos ativos e a "pedagogia do despertar" ao nível de um princípio supremo. Paralelamente, tomou-se o cuidado de desacreditar tudo o que se assemelhava, de perto ou de longe, a uma "aula magistral", assim como todos os exercícios tradicionais considerados excessivamente "clássicos" – o ditado, a redação, o saber "de cor"... Os manuais escolares passaram então a enfatizar mais os materiais didáticos do que as aulas, mais os diagramas, imitando a lógica dos "hipertextos", do que os raciocínios lineares, julgando-os "escolares" demais. A aprendizagem do francês em especial recorreu em massa a "exercícios de

* Alusão à iniciativa *La Main à la Pâte*, surgida em meados dos anos 1990 e transformada em fundação em 2011. (N. T.)

lacunas", exigindo que a criança completasse os pontilhados — o que simplifica as coisas para os professores, ocupa facilmente os alunos porque é mais lúdico, mas se revela quase inútil, pois é demasiado mecânico para ser instrutivo de fato.

Quanto à aprendizagem da leitura, foi um desastre, simplesmente porque nenhum de nós inventou sua língua materna. E esse fato, aparentemente trivial, merece reflexão. De fato, nossa língua é cem por cento patrimônio. As regras de gramática, assim como as de polidez, são por inteiro fruto de uma herança, de uma tradição. Sua assimilação supõe uma atitude de respeito e de humildade, e não a da criança-rainha a quem tentamos convencer de que ela vai inventar e reconstruir tudo por si mesma. Em matéria de gramática e de civilidade, a "criatividade", a "imaginação" e a "espontaneidade", tão caras à renovação pedagógica, têm um nome: chamam-se erros de ortografia e impolidez. Nesse sentido, não é por acaso que nosso sistema educacional encontra-se em dificuldade principalmente nesses dois pontos. Não voltarei ao assunto e contento-me aqui simplesmente em evocar constatações que lamentavelmente já fiz cem vezes sem conseguir ser ouvido por meus sucessores nem ter tido tempo, quando estava no Ministério de Educação, de implantar de maneira satisfatória as reformas exigidas por essas novas realidades. É preciso dizer que a herança da renovação pedagógica era e continua, infelizmente, quase impossível de reverter.

O PENSAMENTO DE 1968 CONTRA A GRAMÁTICA "FASCISTA"

Permitam-me mencionar uma lembrança pessoal que, por mais absurda e insensata que possa parecer, infelizmente é de uma fidelidade total à realidade. Quando ainda era um jovem docente de filosofia, fui nomeado para a escola de professores primários de Arras, e coube a mim integrar o júri do concurso de recrutamento dos jovens educadores. Ao meu lado encontrava-se uma colega do Sgen.* Professora de francês, ela corrigia as dissertações dos futuros docentes. Para minha grande surpresa, a maioria de suas notas ultrapassava 16/20, ao passo que as provas que eu corrigia não tinham nada de particularmente admirável. Perguntei-lhe seu segredo. A resposta me deixou sem palavras: minha colega me assegurou tranquilamente que atribuía um bônus de cinco pontos a todo texto que ultrapassasse dez erros de ortografia! Por qual razão? Simplesmente porque, tendo lido Foucault e Bourdieu, que consideravam "fascista" a gramática, ela queria garantir a qualquer preço o recrutamento de professores que, ao apresentarem dificuldades neste ponto, não seriam repressivos com os alunos! Não pensem que estou inventando ou brincando. É claro, foi dentro do mesmo espírito que, ainda bem recentemente, o Conseil supérieur des programmes – apoiado em nossa jovem ministra da Educação, Najat Vallaud-Belkacem – propôs suprimir as notas na escola. Essa proposição, aliás, havia sido precedida por uma petição lançada por *Le Nouvel Observateur* alguns anos antes. O assunto, por mais extravagante que pareça a qualquer pessoa de bom senso, é perfeitamente significativo da aliança entre esquerda e direita liberais. A esse título, merece que nos detenhamos um instante nos argumentos que os defensores da supressão das notas apresentaram. E, não duvidemos, eles continuarão a apresentar no futuro até acabarem vencendo, o que é provável.

* Syndicat Général de l'Éducation Nationale. (N. T.)

A RENOVAÇÃO PEDAGÓGICA E A SUPRESSÃO DAS NOTAS

A petição em questão foi assinada por personalidades tão diversas e eminentes quanto Axel Kahn, Michel Rocard, Marcel Rufo ou François Dubet. Como tantas mentes brilhantes puderam se lançar numa cruzada tão absurda? Convém afirmar que o tema se presta admiravelmente a um dos exercícios favoritos de nossas democracias: o famoso "pró/contra", com todos os simplismos que ele autoriza. À minha direita, mas também, claro, na primeira esquerda, encontra-se a republicana antiliberal, o campo dos "reaças", alucinadamente apegados à seleção, que logo serão suspeitos de querer manter uma escola que reflita sua funesta ideologia. À minha esquerda, mas também entre os liberais, a numerosa coorte dos "pedagogistas" laxistas, que serão acusados de pecar por permissividade em nome de um rousseauismo irenista segundo o qual o homem é bom por natureza, e basta encorajá-lo para que ele aja bem. Aliás, é este o argumento principal da petição: "A cultura da nota ainda está muito presente na escola francesa, historicamente voltada para a seleção", declara ela logo de início. "[...] Uma vez que a autoconfiança é indispensável ao sucesso escolar, as consequências desse sistema sobre os alunos em dificuldade são desastrosas."

A ideia parece simpática. Em harmonia com as novas ideologias do "*Care*", do cuidado com o outro, das terapias do abraço e também com o fortalecimento do amor às crianças nas famílias, ela encoraja uma tendência crescente a evitar, e mesmo a negar, a dureza do universo da competição globalizada no qual estamos mergulhados hoje. Contudo, é o arquétipo da falsa boa ideia.

Vejamos, em poucas palavras, o motivo.

Segundo os signatários da petição, a nota, "traumatizante", não faria senão encerrar na lógica do fracasso as crianças que estão em dificuldade. Sua verdadeira finalidade não seria pedagógica, mas seletiva, em conformidade com a lógica de um sistema que visa essencialmente a eliminar mais do que a recuperar, a fazer uma triagem mais do que a salvar. Embora popular, essa versão insossa da sociologia de Bourdieu é tão falsa quanto seu modelo de origem. Em última análise, se a levarmos realmente a sério, ela é ofensiva para a imensa maioria dos professores que, há décadas, só pensam em fazer com que seus alunos saiam da lógica do fracasso. Suprimir a atribuição de notas é esquecer que elas constituem uma referência indispensável à medição dos progressos, é basicamente negar as insubstituíveis virtudes da "boa nota" – que é capaz de alegrar, tranquilizar e encorajar amplamente, da mesma maneira que a ruim é capaz de desesperar. Tanto aqui como em qualquer outro lugar, não existe elogio lisonjeiro sem liberdade para repreender, não existe estímulo possível nem incitação ao progresso sem uma notação objetiva. A prova disso é que, quando perguntam aos peticionários com o que eles iriam substituir as falecidas notas, as respostas se mostram hesitantes, para não dizer cômicas: "no lugar delas, usaremos cores", propunha um dia desses um dos eminentes signatários! Por quê? Seria a cor mais "gentil", menos rude e menos rígida do que a nota? Acham que os alunos e seus pais são idiotas? Quem eles vão convencer de que o sinal vermelho significa outra coisa além de uma nota ruim, o laranja uma média e o verde uma boa? Acreditam mesmo que, apenas por serem mais imprecisas, essas notas disfarçadas mudarão alguma coisa no fundo do problema? Quando acontecerá a formação de grupos de nível com leões, girafas e cangurus, como ocorre na série *Desperate Housewives*, cujo sentido e tradução os pais se esforçam angustiados por decifrar... em termos de notações? Com toda a evidência, o problema é o fracasso escolar, e não a nota; é a febre, e não o termômetro; e não é quebrando-o que vamos curar o doente. Suprimir as notas é, inconscientemente, confessar nossa impotência. Uma estratégia de avestruz, que não fará senão piorar o mal, mas muito significativa das derivas "pedagogistas" da renovação pedagógica.

Convém dizer que, além de Bourdieu e Foucault, os defensores do pedagogismo também podiam recorrer ao pensamento do mais eminente dos intelectuais franceses dos anos 1960, a saber, o próprio Lévi-Strauss.

LÉVI-STRAUSS CONTRA O FAMOSO "LER, ESCREVER, CONTAR", OUTRORA TÃO CARO À ESCOLA REPUBLICANA

Levado por um anti-humanismo que às vezes aproximava-se do delírio, o fundador da antropologia estrutural não cessou de querer demonstrar que a invenção da escrita, longe de ser um elemento de progresso ou de civilização, ou mesmo um fator de emancipação dos indivíduos, foi simplesmente o contrário: o sintoma de uma vontade feroz de subjugar os homens, de reduzi-los à escravidão. Ora, segundo Lévi-Strauss, foi justamente no próprio projeto da escola pública, laica, gratuita e obrigatória, em sua vontade de atuar no sentido de que nossas crianças aprendessem a ler e a escrever, que esse empreendimento de dominação altamente prejudicial se encarnou melhor. A tese, por mais aberrante que seja, oferece pelo menos o mérito de dar a tonalidade que foi a dos "*sixties*". Julgue o leitor mesmo, por este trecho de *Tristes trópicos*, sobre o qual podemos apostar que inspirou profundamente Bourdieu e Foucault:

> Depois de eliminarmos todos os critérios propostos para distinguir a barbárie da civilização, gostaríamos de reter pelo menos este: povos

com ou sem escrita, uns capazes de acumular as aquisições antigas e progredindo cada vez mais rápido rumo ao objetivo que se fixaram, ao passo que os outros, impotentes para reter o passado além dessa franja que a memória individual é suficiente para fixar, permaneceriam prisioneiros de uma história flutuante à qual faltariam sempre uma origem e a consciência duradoura de um projeto.

Contudo, nada do que sabemos sobre a escrita e seu papel na evolução justifica tal ideia. [...]

Se quisermos estabelecer a correlação entre o aparecimento da escrita e certos traços característicos da civilização, convém procurar em outra direção. O único fenômeno que a acompanhou fielmente foi a formação das cidades e dos impérios, isto é, a integração num sistema político de um número considerável de indivíduos e sua hierarquização em castas e em classes. Em todo caso, esta é a evolução típica à qual assistimos, desde o Egito até a China, no momento em que a escrita faz sua estreia: ela parece favorecer a exploração dos homens, antes de iluminá-los. [...]

Olhemos mais perto de nós: a ação sistemática dos Estados europeus em favor da instrução obrigatória, que se desenvolve no correr do século XIX, vai de par com a extensão do serviço militar e a proletarização. A luta contra o analfabetismo confunde-se, assim, com o fortalecimento do controle dos cidadãos pelo Poder. Pois é preciso que todos saibam ler para que este possa afirmar: ninguém deve alegar que desconhece a lei.

Do plano nacional, a empreitada passou para o plano internacional, graças a essa cumplicidade que se formou entre jovens Estados – confrontados com problemas que foram os nossos há um ou dois séculos – e uma sociedade internacional de ricos, inquieta com a ameaça que representam para a sua estabilidade as reações de povos mal preparados pela palavra escrita para pensarem em fórmulas modificáveis à vontade e para enfrentarem os esforços de

> edificação. Quando têm acesso ao saber acumulado nas bibliotecas, esses povos tornam-se vulneráveis às mentiras que os documentos impressos propagam em proporção ainda maior...

Se Lévi-Strauss ainda estivesse neste mundo, eu gostaria de poder acalmar suas angústias compartilhando com ele as últimas estatísticas do Ministério da Educação Nacional sobre o crescimento do iletrismo, a diminuição do domínio da língua e, de modo mais geral, a crise da leitura. Sem dúvida ele se sentiria reconfortado ao saber que nossas crianças parecem cada vez mais protegidas, para não dizer solidamente vacinadas, contra as "mentiras propagadas pelos documentos escritos"...[1]

APÓS A SUPRESSÃO DAS NOTAS, A CRÍTICA À ESCRITA E À ESCOLA PÚBLICA, À CIVILIDADE E À POLIDEZ...

Qualquer pessoa que tenha recebido uma educação clássica ou conhecido a escola antes de maio de 1968 não pode evitar o sentimento de que a civilidade – ou, para chamá-la pelo seu velho nome, a "polidez" – também está em pleno desamparo. Nem sempre, é claro: felizmente ainda encontramos crianças "bem-educadas", como se dizia há até pouco tempo. Entretanto, no geral, quando consideramos as turmas de ensino médio, a sensação de que a autoridade e a disciplina sofreram um tremendo abalo não tem nada de uma impressão arbitrária ou de uma cisma subjetiva, mas tudo de um fenômeno amplamente mensurável que a maioria dos professores confirmará sem a menor hesitação. Para dar uma única, mas pertinente, ilustração sobre esses assuntos: todo ano os diretores de instituições de ensino comunicam ao ministro da Educação mais de oitenta mil "incidentes graves", entre os quais ocupam uma posição de destaque aqueles pudicamente chamados de "incivilidades" de todo tipo. Nessas comunicações, também há violências físicas que resultaram em ferimentos, episódios de tráfico de drogas e de armas, inclusive de fogo (cerca de quarenta são apreendidas a cada ano) e, mais grave ainda, pois menos facilmente detectáveis, furtos contra crianças mais frágeis no trajeto entre a escola e sua casa. Durante muito tempo, a esquerda, especialmente a "segunda esquerda", aquela que reivindicava maio de 1968, hesitou entre duas atitudes quanto a essas questões. Uma atitude consistia em negar pura e simplesmente o real, em associá-lo à esfera de supostas "fantasias da direita reacionária", como também se fazia de bom grado em relação à insegurança. Hoje, sabemos até que ponto foi prejudicial essa negação da realidade. A outra aceitava, é verdade que da boca para fora, reconhecer ao menos em parte o desmoronamento das autoridades tradicionais. Mas, longe de ver nisso um declínio, era preferível interpretá-lo como uma nova forma de emancipação dos indivíduos ante os "valores burgueses": a juventude revoltada finalmente exercia sua "liberdade de pensamento". Vejamos... O fato é que essas duas atitudes, das quais muitos pais foram cúmplices passivos, nos custaram caríssimo em termos de paz social, de tranquilidade, mas também, e mesmo sobretudo, de aquisição dos conhecimentos fundamentais no seio das novas gerações.

Dito isso, o fenômeno de erosão dos princípios básicos da civilidade (diz-se "viver em conjunto", no jargão dos pedagogistas) vem de longe e merece uma atenção propriamente filosófica, pois toca em profundidade certos aspectos da modernidade democrática. Como demonstrou Philippe Raynaud em seu excelente livro *La Politesse des Lumières*[2] [A polidez do iluminismo], a civilidade sofreu, de Rousseau até maio de 1968, não somente uma lenta fragmentação mas também, na verdade, uma sistemática crítica dentro da lógica da desconstrução das tradições que marcou toda a história do século XX. Por mais estranho que possa parecer a qualquer adulto sensato, desde o século XVIII a polidez foi denunciada sob uma série de acusações que iriam conhecer uma longa posteridade. Embora encontremos prelúdios disso nos séculos precedentes, é sem dúvida com Rousseau que tudo começa verdadeiramente. Nele, assistimos a uma crítica conjunta à polidez e à ciência em nome da natureza e daquela "santa ignorância" que, segundo o autor de *Contrato social*, é a única situação que pode garantir a virtude e a pureza do coração contra a corrupção dos costumes. Tal é o objeto do elogio a Esparta contra Atenas, que se encontra em seu famoso *Discurso sobre as ciências e as artes*:

> Foi no próprio seio da Grécia que vimos elevar-se essa cidade que é tão célebre por sua feliz ignorância quanto pela sabedoria de suas leis, essa república mais de semideuses do que de homens, tão superiores suas virtudes se mostravam à humanidade. Ó Esparta! Opróbrio eterno de uma doutrina vã! Enquanto os vícios conduzidos pelas Belas-Artes se introduziam juntos em Atenas, enquanto um tirano ali reunia com tanto cuidado as obras do Príncipe dos Poetas, tu expulsavas de teus muros as artes e os artistas, as ciências e os sábios. O evento marcou essa diferença. Atenas tornou-se a morada da polidez e do bom gosto, o país dos oradores e dos filósofos...

Implicitamente, aqui Rousseau se entrega sem dúvida a um elogio a Licurgo (cujo nome significa literalmente "aquele que mantém os lobos afastados"). A seu ver, o grande legislador mítico de Esparta, que segundo Plutarco teria vivido no século IX a.C., é de longe superior a Pisístrato, o tirano de Atenas responsável por reunir e editar as obras do "Príncipe dos Poetas", ou seja, Homero. Tal como os jovens espartanos, Émile não terá livros, ou os terá poucos, pois a cultura escrita é agora suspeita de corromper a pureza da alma inocente da criança. É no mesmo sentido que encontramos, sob a pena de Saint Preux, em suas cartas a Julie, uma crítica devastadora à arte da conversação à francesa e ao papel das mulheres nos salões parisienses.[3]

Tais objeções contra a civilidade ainda alimentarão a sociologia marxista da "distinção", da qual os trabalhos de Bourdieu constituem a parte mais visível: as "boas maneiras" e a naturalidade que elas conferem a quem as domina desde a infância em virtude de seu meio social marcam um pertencimento de classe e ao mesmo tempo uma barreira. A elegância burguesa e o parisianismo fazem o feliz eleito se "distinguir" das camadas populares, assim como da "província", onde se ignoram amplamente os códigos "delicados" da mundanidade.

Uma terceira crítica às "boas maneiras" vem reforçar ainda mais as duas primeiras: no termo "polidez", sugere Rousseau, subentende-se "polir". E polir significa também aplainar, eliminar as asperezas, de modo que a disciplina imposta às crianças as mergulha no mais detestável conformismo social: o bom gosto acaba aparando as asas do gênio, já que todos os indivíduos são intimados a se encaixar no mesmo molde.[4]

A quarta objeção contra a civilidade: é bem possível que a polidez não passe de uma forma de hipocrisia, uma maneira sofisticada, para não dizer sofística, de dissimular, sob um exterior agradável, o fundo do próprio pensamento e das próprias prevenções. Seria uma duplicidade do "a senhora primeiro, por favor" e do "o senhor primeiro, por favor", pois, segundo Rousseau, "quando um homem finge preferir meu interesse ao seu próprio, não importa com qual demonstração ele vai colorir essa mentira, tenho toda a certeza de que está dizendo uma". Enfim, é em nome do ofício e do ingresso no mercado de trabalho que as finezas da cultura são rejeitadas: um encanador não precisa ler *A princesa de Clèves* para executar sua função. Ou, como me dizia um dia destes, com aquela expressão astuta de quem não se deixa enganar, um jornalista diante do qual eu evocava o texto de Kant sobre as Luzes: "É bem bonito, mas o que o senhor diz ao desempregado? Não dá para se alimentar de Kant, certo?". De fato, a observação é inquestionável. Abandonemos com urgência o ideal da civilidade e da cultura geral para fabricar pequenos operários desde a idade de dez anos, se possível...

Sendo a hipocrisia, como todos sabem, a homenagem que o vício presta à virtude, Rousseau ainda mantinha a ideia de que, pensando bem, apesar de tudo a polidez apresentava, para além de seus óbvios defeitos, algumas vantagens sobre a barbárie. Sem querer ceder à onda do "tudo está se degradando", às vezes me parece que até mesmo essa pequena reserva está indo para o espaço...

O QUE FAZER? ACIMA DE TUDO E PRIMEIRAMENTE, EVITAR A ESTÚPIDA TENTAÇÃO DO RETROCESSO, DA VOLTA AOS BONS TEMPOS, À "TERCEIRA REPÚBLICA"!

Teríamos então que voltar aos bons e velhos tempos, à boa e velha escola da Terceira República, incluindo, como eu dizia anteriormente, seus uniformes cinza, seus *bons points* e suas orelhas de burro, suas penas de escrever e seus tinteiros de porcelana, cheios de tinta roxa? Teríamos que repor no programa, a qualquer custo, a edificante história da França do bom Lavisse, assim como o método silábico e as pancadas de régua nos dedos? Arriscando-me a ser um pouco brutal, direi que a idealização da Terceira República é absurda. Ela comprova somente uma ignorância crassa sobre as realidades do passado.

Eis por quê.

Àqueles que se deleitam nessa mitologia altamente falaciosa, começarei por observar que, mesmo sem incivilidades na escola, a criminalidade geral à época era infinitamente superior à que se observa em nossos dias; a expectativa de vida, incrivelmente baixa (em torno de quarenta anos); a miséria, onipresente nas cidades; o analfabetismo no campo, corriqueiro para noventa por cento das jovens; o produtivismo, devastador; o nacionalismo, belicoso; o cientificismo ateu, de um dogmatismo insuportável; e o racismo colonial, portador das piores catástrofes. Aliás, ainda estamos pagando o preço por ele, e afirmo isso em relação a todos os que hoje gostariam de assimilar ou mesmo de expulsar do quadro nacional as pessoas que no entanto fomos buscar em suas próprias terras em condições detestáveis. São as do racismo colonial que Jules Ferry e Paul Bert defenderam com uma arrogância e um desprezo que ainda hoje nos deixam pasmos. Dirão que a época o exigia, que todo mundo cedia a essa postura e que não se pode, sem anacronismo, julgar o século XIX com os critérios do XXI. Conheço de cor esse argumento e, aliás, essa é uma razão a mais para não idealizar aquela época. O problema, porém, é ainda mais grave, pois é falso afirmar que no tempo de Jules Ferry seu racismo militante era moeda corrente e que não suscitava profundas críticas já então.

Permitam-me lembrar, como exemplo, as exatas palavras do conflito de rara violência que o opôs a Clemenceau em 1885. Ferry acabava de pronunciar na Câmara, em 30 de julho, um de seus famosos discursos sobre a colonização, no qual declarava tranquilamente:

> Senhores, é preciso falar mais alto e com mais verdade! É preciso dizer abertamente que, de fato, as raças superiores têm um direito em relação às raças inferiores. Repito que há um direito para as

> raças superiores, porque há um dever para elas. Elas têm o dever de civilizar as raças inferiores. Afirmo que as nações europeias desempenham com amplitude, grandeza e honestidade esse dever superior da civilização.

Admito de bom grado que tais afirmações não tinham então nada de incomum; Ferry se inspirava aqui em Paul Bert, que, como ministro da Educação, havia desencadeado as reformas que ele mesmo apenas prolongou. Membro eminente da Sociedade de Antropologia de Paris, Bert dedicava uma parte de seu tempo e, lamentavelmente, de seus manuais escolares a propor uma hierarquização das raças com o intuito de provar, e aqui o cito, que:

> Os negros [...] são bem menos inteligentes do que os chineses, e sobretudo do que os brancos. Convém observar que, sendo mais inteligentes, mais trabalhadores, mais corajosos do que os outros, os brancos invadiram o mundo inteiro e ameaçam destruir ou subjugar todas as raças inferiores. E existem homens que são verdadeiramente inferiores. Assim, a Austrália é povoada por homens de pouca altura, de pele escura, cabelos negros e lisos, cabeça muito pequena, que vivem em pequenos grupos, não têm nem cultura nem animais domésticos (salvo uma espécie de cão) e são muito pouco inteligentes.

Seriam essas afirmações exigidas pelo espírito da época? De maneira alguma. Os protestos iriam vir de imediato. Significativos, não emanavam de extravagantes defensores dos direitos humanos, mas de um indivíduo ao mesmo tempo realista e visionário, Clemenceau, que retrucou o seguinte ao seu prestigioso confrade:

> Raças superiores! Raças inferiores! Falar é fácil! Quanto a mim, eu renuncio particularmente a essa pretensão, desde que vi os erudi-

tos alemães demonstrarem cientificamente que a França devia ser vencida na guerra franco-alemã porque o francês é de uma raça inferior à do alemão. De lá para cá, confesso que olho duas vezes antes de me voltar para um homem ou uma civilização e pronunciar: homem ou civilização inferiores... Observe a história da conquista daqueles povos que o senhor considera bárbaros e verá a violência, todos os crimes desencadeados, a opressão, o sangue correndo em rios, o fraco oprimido, tiranizado pelo vencedor! Eis a história de sua civilização! E é semelhante sistema que o senhor tenta justificar na pátria dos direitos humanos?! Falar de civilização nesse contexto é juntar a hipocrisia à violência!

Seria impossível dizer melhor, e essas palavras mostram quanto era possível resistir a um espírito da época particularmente penoso. Alguém dirá que talvez seja verdade no que se refere ao racismo, às guerras coloniais e nacionalistas que se preparam na época da Terceira República, mas que, em relação à escola, o nível era afinal bem superior ao de hoje.

Na verdade, não é nada disso, e, também aqui, trata-se de um clichê aceito sem nenhum exame minimamente sério da realidade dos fatos. Comecemos então, contrariamente ao famoso adágio de Rousseau, por não descartar todos eles simplesmente varrendo-os com a mão. De início, convém lembrar que, no início da Terceira República, 90% das garotas e 75% dos garotos são analfabetos. O *baccalauréat*,* criado em 17 de março de 1808, em sua primeira aplicação só teve 31 laureados! Em 2008, dois séculos depois, houve 500 mil! Ora, ao longo de todo aquele século XIX tão idealizado hoje pelos nossos "republicanos", o número anual de

* Na França, exame final do ensino médio. A aprovação permite o acesso ao ensino superior. (N. T.)

diplomados permanece estável, nunca ultrapassando os 10 mil laureados, e isso até 1920. Somente a partir dos anos 1920 esse número passa de 1% a 2% de uma faixa etária! Continuemos a examinar os números: 1950 = 30 mil laureados (5%); 1960 = 60 mil laureados (11%); 1968 = 170 mil (20%) e, então, 500 mil em 2008. O mínimo que se pode dizer é que, ao longo da Terceira República, a democratização do ensino jamais aconteceu. Isso, evidentemente, simplificava de maneira considerável as coisas ao se tratar do nível escolar, pois só eram escolarizados aqueles cuja família... não precisava verdadeiramente disso, ou, pelo menos, não tanto quanto as crianças das classes populares.

Já consigo escutar as objeções, que são de praxe e reguladas como uma partitura musical: o *baccalauréat* foi democratizado no século XX, é verdade, mas foi justamente quando o nível desabou. Sem dúvida nenhuma, é muito pontual quando comparamos o quingentésimo milésimo laureado de hoje com o décimo milésimo de 1920, o qual seguramente dispunha de um nível de cultura e de ortografia muito superior. Mas, se vocês pegarem os 10 mil melhores de hoje, ou mesmo os 50 mil, estou disposto a apostar que eles não têm nada a invejar naqueles dos anos 1920: são certamente bem superiores em ciências, provavelmente também em história, em literatura e em abertura de espírito. Impossível, é claro, confirmar ou desmentir essa hipótese, mas é incontestável que ela se verifica no caso das moças. Pois, também aqui, em vez de idealizarmos o passado, constatemos os fatos: a primeira jovem a conseguir o *baccalauréat* na França – ela se chamava Julie Daubier – só obteve esse desempenho em 1861! E não sem motivo, pois, de fato, o exame era até então reservado aos rapazes. A escolarização das meninas era considerada inútil e até nociva, como aliás era o direito de voto para as mulheres – o que, por si só, deveria impedir a idealização daquele período. E mais: somente em 1920 elas passaram a receber um ensino secundário idêntico ao dos rapazes, ainda que não no domínio tecnológico, onde a aprendizagem da costura e da culinária se manteve de praxe até maio de 1968! Na universidade, a escolarização é marcada por um elitismo que não tem nada de republicano: 50 mil estudantes em 1900, e somente 135 mil ainda em 1950, contra 1500 000 em 2013. E também aqui, embora o nível médio possa ser de menor qualidade do que no passado, evidentemente isso não é verdade para a proporção de estudantes excelentes que aumenta de modo considerável em comparação com o século XIX.

Portanto, deixemos de idealizar a França de ontem para melhor denegrir a de hoje. Sem dúvida, muitas ameaças pesam sobre ela, mas nenhuma época esteve isenta disso. E, apesar de todos os seus defeitos, a nossa é infinitamente mais livre e mais próspera, menos violenta e menos analfabeta do que no tempo de Jules Ferry e de *Os miseráveis*.

ENTÃO, DE NOVO: O QUE FAZER?

Antes de mais nada, é preciso, desde a escola primária, conseguir fazer a união da democratização com a transmissão dos conhecimentos fundamentais, o famoso "ler, escrever e contar" que Bourdieu acusava de maneira cômica de haver "provocado muitos estragos". Na verdade, foi sua ocultação pela renovação pedagógica dos anos 1970 que causou mais estragos do que nunca na história da educação. Não importa o que Bourdieu e seus epígonos tenham dito, desde os anos 1950 desencadeou-se um formidável movimento de democratização, e, ainda em minha geração — aliás eu sou um perfeito exemplo disso —, foram muitos os que subiram os degraus da sociedade graças ao esforço escolar. Não vou expor de novo aqui as medidas concretas que adotei no ministério – desdobramento dos cursos preparatórios, classes em alternância, revalorização das ciências, da autoridade dos professores, luta contra as incivilidades etc. O fato principal e, a meu ver, mais preocupante é que atualmente um pequeno número de crianças, na maioria das vezes graças à tenacidade de seus pais, compreende que, no mundo da inovação destruidora, da globalização liberal, o conhecimento é mais vital do que nunca; eles entendem que ter êxito na escola, obter esses famosos diplomas que, diga-se de passagem, jamais foram tão discriminatórios quanto atualmente para entrar na vida ativa, não é um luxo, mas uma necessidade. Esses jovens, os que compreenderam as apostas de uma sociedade na qual a demanda de competência e de tecnologia é mais forte do que nunca, aprendem línguas estrangeiras, fazem em geral todo o possível para entrar em escolas superiores de altíssimo nível, passar nas faculdades de medicina, às vezes de direito ou de ciências. Eles trabalham e conseguem, enquanto outra grande parte fica estagnada, não por ser brutalmente excluída do conhecimento (também aqui, Bourdieu delira), mas porque já não faz os esforços necessários para ter acesso a ele. Eis por que eu não paro de repetir há anos que o problema da educação depende infinitamente menos de alguma reforma da escola, de seus programas, de seus métodos ou de seus professores, do que do estado das famílias, o qual reflete o de uma sociedade em que a lógica capitalista da inovação foi acompanhada por uma desconstrução muito problemática dos valores e das autoridades tradicionais.

7. Agir

Por que trabalhar para o bem de outrem pode fazer você feliz

"Para agir", dizia Nietzsche, "é preciso cobrir os olhos com um véu de ilusão." Foi a única vez em que esse grande desconstrutor se aproximou de seu principal adversário, Hegel, que também colocava de maneira radical o filósofo em oposição ao homem de ação. Hoje, é como se as pessoas tivessem bebido o cálice até a última gota, como se tivessem chegado ao extremo dessa oposição entre a teoria e a prática, entre o agir e o pensar. Talvez à exceção do Ministério das Finanças – ainda –, nossos primeiros-ministros preferem cada vez mais nomear para postos-chave indivíduos puramente políticos, sem nenhuma competência na área a eles atribuída. Evitarei citar nomes, mas estes me vêm à mente em grande número, tanto à direita quanto à esquerda, particularmente nos ministérios em geral considerados (erroneamente) como sem grande importância, mas como ultrassensíveis em termos de comunicação, como é o caso do da Educação Nacional. Sem dúvida, as exceções existem, mas apenas destacam melhor a dominação crescente da lógica tecnicista. Por trás dessa escolha paradoxal, há um *parti pris* inconsciente, a convicção irrefletida de que a política não é mais do que uma técnica, uma simples questão de gestão, e mesmo de comunicação. Essa nova postura está diretamente ligada à extensão planetária do domínio daquilo que Nietzsche denominava "a vontade de poder" e Heidegger, "o mundo da técnica".

Tentemos explicar a ideia com tanta clareza quanto possível, pois a ação só pode trazer bem-estar ao mundo se tiver sentido – algo de que a tecnicização da política a priva até a raiz.

SOBRE A POLÍTICA COMO TÉCNICA

No século XVII, com o surgimento da ciência moderna, entra em cena um projeto de dominação da terra, de controle total do mundo pela espécie humana. Segundo a famosa frase de Descartes, espera-se que o conhecimento científico permita que sejamos "como senhores e possuidores da natureza". Porém, quando mais tarde nossos enciclopedistas retomam o assunto, ainda não estamos totalmente no "mundo da técnica" propriamente dito. Isto é, não nos encontramos num universo de pura razão instrumental, de onde a consideração dos fins vai desaparecer totalmente, em proveito somente dos meios. De fato, no século das Luzes, o projeto de um domínio científico da natureza, assim como da sociedade, ainda possui uma visão emancipadora. Não se trata de querer dominar o mundo por pura fascinação pelo nosso próprio poder, mas sim para conseguir realizar certos objetivos superiores: a liberdade, a felicidade, a democracia, os direitos humanos, o Estado-providência; em suma, o "Progresso". Para que nossa visão do mundo se torne resolutamente tecnicista, é necessário um passo suplementar. É necessário que a vontade deixe de visar a fins exteriores a ela para ter a si mesma como objeto. É isso o que, de acordo com Heidegger, sobrevém na história do pensamento com a doutrina nietzschiana da "vontade de poder". É também o que, na realidade política moderna, advém com o surgimento de uma história totalmente desprovida de finalidade, doravante animada unicamente pela lógica automática, mecânica e cega da competição, com o crescimento dos meios de dominação dos homens sobre o mundo tornando-se um fim em si. Em nossa globalização tecnicista, o projeto de controlar o real deixou de ser um meio para realizar objetivos superiores: passou amplamente a ser um objetivo que se basta a si mesmo. Já não se trata de dominar a natureza ou a sociedade para tornar o mundo humano mais livre e mais feliz, e sim de controlar por controlar, de dominar por dominar. Nesse contexto, a própria política vai se tornar uma técnica que já não tem outra finalidade além do poder pelo poder. A busca por certos objetivos, por exemplo reduzir o desemprego, retomar o crescimento, sanear os subúrbios etc., paradoxalmente não mais constitui um fim em si, um objetivo superior, mas um meio útil, ou mesmo necessário, para conservar o próprio posto.

Consternado por essa evolução devastadora, permaneço convencido de que um político não pode fazer nada de bom se sua ação não for norteada por uma visão do mundo. Ora, é isso que nos falta mais cruelmente hoje, tanto à direita quanto à esquerda, e é claramente daí que nasce a crise atual de nossas sociedades liberais. Dito isso, não basta estabelecer o diagnóstico, e, se existe um papel que os intelectuais deveriam exercer hoje, é aquele que consiste em traçar uma via, indicar um caminho. O que tanto os impede de fazer isso? O fato é que o fundo de comércio do pessimismo é tão tentador, tão fácil e tão promissor em termos de exposição midiática, que se torna um pretexto para tudo. As pessoas não param de idealizar o passado, as canetas Sergent-Major e os uniformes cinza, os bons e velhos tempos da Terceira

República. Procuremos não cair nessa armadilha. Para concluir este livrinho, procuremos esboçar os poucos traços daquilo que poderia ser o que, não faz muito tempo, era chamado um "grande desígnio". A meu ver, como tive muitas vezes a oportunidade de dizer e de escrever, uma tal perspectiva situa-se unicamente na defesa e na promoção da cultura intelectual, moral e política da Europa.

SOBRE A CIVILIZAÇÃO EUROPEIA COMO GRANDE DESÍGNIO PARA A HUMANIDADE

Assumo essa escolha e afirmo claramente: considero a civilização europeia, sob certos pontos de vista que vou explicitar, a mais admirável de todas. Não que eu despreze as outras, longe disso. Existem várias civilizações grandiosas, tão admiráveis quanto a nossa em certos aspectos, como no domínio das artes, por exemplo. Ela, aliás, possui muitos defeitos: justificou e praticou a escravidão e a colonização, e foi a pátria dos piores totalitarismos que a humanidade conheceu, o nazismo e o estalinismo, que se basearam em doutrinas nascidas na Europa e claramente oriundas das profundezas de sua cultura. Nada disso pode ser negado, nem varrido com um simples gesto da mão. É inegável, contudo, que a Europa democrática possui uma especificidade que eu gostaria de salientar, de destacar, pois me parece trazer um projeto que ainda hoje, e hoje mais do que nunca, poderia e deveria mobilizar muito mais nossos políticos.

Para começar, porém, o que é uma "grande civilização"?

Eis uma resposta simples: uma grande civilização é aquela que, no sentido que definimos no capítulo consagrado à ampliação do horizonte, ultrapassa sua particularidade, aquela que dirige uma mensagem à humanidade inteira. Traz algo de precioso, algo que afeta o curso da história mundial. E é isso o que faz a grande civilização alcançar aquilo que denominamos "singularidade". Nesse sentido, e insisto neste ponto para evitar os mal-entendidos que esse tipo de assunto jamais deixa de suscitar, existem numerosas "grandes civilizações" além da europeia, tendo cada uma trazido tesouros pelos quais a humanidade ficou marcada para sempre: a álgebra, o taoismo, o *Mahabharata*, *As mil e uma noites* e tantas outras obras-primas da ciência, da arte ou da literatura. A civilização europeia, é claro, também merece ser considerada grande em virtude de suas criações científicas, estéticas e políticas. Em todos os conservatórios do mundo executam-se Bach, Ravel e Mozart. De Beijing a Moscou, passando por Madras ou Argel, estudam-se Platão, Rousseau, Shakespeare ou Freud. Acrescentemos que nenhuma dessas civilizações está isenta de atrocidades, e por isso, afirmemos logo para evitar outro mal-entendido, assim como nem todas as civilizações se equivalem forçosamente, nem tudo se equivale dentro de uma mesma civilização.

Então, por que privilegiar a Europa? Por eurocentrismo? De modo algum, mas porque nosso velho continente inventou algo singular e precioso: uma cultura da autonomia dos indivíduos que não se assemelha a nenhuma outra, uma exigência de pensar por si mesmo, de sair — como dizia Kant a respeito das Luzes em um textinho de 1784 que eu traduzi para a Pléiade — daquela "menoridade" infantil na qual todas as civilizações religiosas, todas as teocracias e todos os regimes autoritários em geral mantiveram a humanidade até hoje. Nisso já está o sentido, como percebeu Hegel, daquela maravilhosa revolução estética que se encarna na pintura holandesa do século XVII, da qual também já falamos num capítulo precedente: pela primeira vez na história da humanidade, obras enfim "laicas" são chamadas a representar cenas de todos os dias, os momentos mais simples da vida corriqueira de seres humanos, eles mesmos anônimos. Começa-se a sair da heteronomia, da representação de princípios religiosos ou cosmológicos superiores e exteriores à humanidade. Esse movimento para a autonomia que se esboça na arte irá infiltrar toda a civilização europeia, da filosofia (racionalista) à política (laica e democrática), passando pela ciência (hostil aos dogmatismos clericais) e pela vida privada (na qual o casamento escolhido por amor substitui o casamento de razão imposto pelos pais e pelas aldeias). Tal é o gênio de uma Europa que acabará, mediante iniciativa própria, por abolir a escravidão e a colonização, por se desfazer dos totalitarismos, em suma, por reconhecer a alteridade. Nesta valorização da civilização europeia, nada implica o menor racismo, a menor tendência neocolonial. Simplesmente, a ideia de que, se tudo se equivale, então nada vale nada.

A Europa é, portanto, a autonomia e o Estado-providência, a liberdade e a proteção social, o laicismo e o respeito a todas as religiões. Mas, se quisermos conservar esse espaço único na história, essa civilização singular no sentido próprio, precisamos nos proporcionar os meios para isso. Ora, no universo da globalização, esses meios não passam somente pelo poder econômico, pelo crescimento e pela luta contra o desemprego. Eles também passam por uma atribuição de sentido que entenderia que nossos governantes tivessem enfim alguma ideia do espaço intelectual e moral no qual nos situamos.

TRÊS VISÕES MORAIS DO MUNDO

Nossa vida de humanos mortais é na verdade infinitamente frágil e limitada, e também infinitamente fácil de destruir ou danificar. Com o Estado Islâmico se empenhando energicamente nisso, o projeto europeu estagnado e a política sem entusiasmar muita gente, o período que estamos vivendo é singularmente sombrio. A atmosfera está mais pesada do que nunca, e as filosofias da felicidade obtida por si só acabam se beneficiando, por contraste, dessa morosidade que caracteriza os tempos atuais. É sempre nas épocas difíceis, depressivas, que pode ser útil refletir sobre a questão do sentido. Para nos situarmos, convém observar que nossas existências se organizam em torno de duas interrogações fundamentais e oferecem três grandes respostas. No fundo, essas duas interrogações são bastante simples: como pacificar as relações entre esses seres egoístas, preguiçosos e coléricos, mas às vezes tão amorosos, devotados e generosos, que são os humanos? Esse é todo o problema ético-político. A segunda interrogação vai mais longe: não se refere somente à paz, mas também à vida boa, isto é, ao sentido de nossa vida. Mesmo admitindo que consigamos organizar as relações humanas de maneira tão harmoniosa quanto possível, que possamos pacificá-las — o que ainda está longe de ser o caso —, o fato é que somos marcados por uma inescapável finitude. E essa realidade, que é a da morte, começa a nos atormentar muito cedo, na maioria das vezes já na idade de três ou quatro anos, idade metafísica por excelência, assim que começamos a compreender que um dia seremos irreversivelmente separados daqueles a quem amamos. O que pode nos salvar dessa fatalidade, o que pode nos proporcionar uma vida boa, apesar da morte?

Três grandes códigos respondem com uma mesma ação a essas duas perguntas: o código cósmico, o código religioso e o código humanista e laico. Cada um deles tenta resolver o problema ético-político da pacificação das relações humanas na esfera pública, e o problema metafísico da vida boa, da sabedoria e da salvação.

O código cosmológico, criado pelos gregos, fixa limites objetivos à liberdade humana fazendo da cidade ideal um decalque da natureza. Um governo é justo e bom não quando emana da vontade geral ou de uma eleição, mas quando organiza a vida coletiva de tal maneira que, como na natureza, os melhores, os *aristoi*, fiquem no alto, os médios no meio e os ruins embaixo. Essa representação aristocrática de uma ordem cósmica hierarquizada também dá um sentido à vida propondo que, assim como Ulisses em Ítaca, os humanos se ajustem ao lugar que lhes cabe no universo, pois a vida boa consiste na harmonização de si com a harmonia do mundo, do Cosmo. Ora, considerando que o Cosmo é eterno, o próprio indivíduo se tornará um fragmento de eternidade ajustando-se a ele como a peça de um quebra-cabeça que se funde no grande todo.

Em seguida, vem o código religioso: judaico-cristão ou islâmico. No plano moral, ele estabelece regras de conduta, como Moisés com as tábuas da lei, mas também garante um sentido para a vida propondo a imortalidade como finalidade e recompensa últimas de uma boa conduta aqui embaixo. Nesse gênero, o ápice é alcançado sem dúvida pelo cristianismo, que faz do amor não um obstáculo ou um problema dilacerante, uma vez que eu vou ser separado daqueles a quem amo. O amor, no entanto, torna-se o contrário, uma solução, como no famoso episódio da morte de Lázaro, no qual se demonstra que o amor é mais forte do que a morte.

O código humanista só nascerá muito mais tarde, na Europa do século XVIII. Logo de saída, ele irá de encontro a um verdadeiro enigma: como fixar regras ético-políticas de conduta sem invocar um princípio transcendente, exterior e superior à humanidade, como o Cosmo ou a Divindade? Solução: minha liberdade deve se deter onde começa a do outro. Não há necessidade de Deus nem do Cosmo, mas somente de uma humanidade que aceite autolimitar-se, ainda que seja por interesse. E, nesse novo quadro, eu darei um sentido à minha vida pela história do progresso. No dia de minha morte poderei dizer que dei minha contribuição ao edifício humano, ao progresso, à *res publica*. Eis por que, em retribuição, a República toma o cuidado de gravar na pedra os nomes dos "sábios e construtores", a fim de imortalizá-los. Religião de salvação terrestre, portanto, religião da nação e do progresso, da História com H maiúsculo e de seus heróis, mas que aceita enfim o laicismo.

Tais são os três códigos, sendo que o terceiro, diferentemente dos outros dois, oferece a vantagem de permitir a coexistência pacífica das ideologias que, em outros ambientes, se tornam as mais perigosas. São aquelas que, na pretensão de deter a verdade absoluta, atacam sempre os outros, aqueles que se apegam a uma outra verdade e que é preciso exterminar com urgência – católicos contra protestantes, protestantes contra católicos e islâmicos contra o resto do mundo. Se o que acabo de dizer estiver correto, a conclusão é clara: enquanto os Estados se mantiverem como teocracias, nenhuma felicidade será possível no mundo. Em contraposição, se aceitarmos esse laicismo, e com ele a coexistência pacífica das ideologias e das religiões, teremos de ir em busca da boa vida por nós mesmos, de lhe dar um sentido por nossos próprios meios. A melhor coisa que o Estado pode fazer é, primeiro, não impedir essa busca; em seguida, favorecê-la tanto quanto possível, permitindo a todo ser humano, especialmente graças à educação pública, atualizar seus talentos e encontrar seu lugar com os outros e ao lado deles. Todo o resto, no fundo, é apenas secundário.

Vemos de novo, aqui, quanto a noção de "vida boa" está mais relacionada com a questão do sentido do que com as miragens da ideia de felicidade. Para o leitor que tenha se decepcionado por não encontrar em meu livro as habituais receitas de felicidade sem esforço, à maneira do método Assimil,* acrescentarei ainda o seguinte: foi com total conhecimento de causa que deixei de lado esse mercado florescente. O que desejei compartilhar com meu leitor foi, mais modestamente, uma análise das ações que nos possibilitam momentos de alegria, ou mesmo oásis de serenidade, e não as receitas de um pretenso "soberano do bem". Fiz essa escolha por uma razão: é a lucidez que, acima de tudo, me livra dessa angústia que ameaça e acompanha forçosamente a existência de todo mortal consciente de sua finitude. Se eu só pudesse conservar uma mensagem da psicanálise freudiana, seria aquela verdade segundo a qual o que nos adoece são as mistificações, e o que abre caminho para a saúde é a consciência lúcida. Se a filosofia talvez me tenha salvado a vida, foi seguramente por esse caminho, e não pela elaboração de ideologias consoladoras, à primeira vista sedutoras, mas funestas quando refletimos sobre elas.

* Método francês de autoaprendizagem de idiomas, popular na Europa mas pouco conhecido no Brasil. (N. T.)

Notas

PREFÁCIO: MATERIAIS PARA UMA BREVE HISTÓRIA DA FELICIDADE [pp. 11-32]

1. Ver o excelente e estimulante livro de Pascal Bruckner, *A euforia perpétua: Ensaio sobre o dever de felicidade*. Rio de Janeiro: Difel, 2002.

2. *Catecismo da Igreja católica*. São Paulo: Loyola, 2002.

3. Denis Moreau, *Les Voies du salut*. Paris: Bayard, 2010, p. 181. Aqui, sigo a argumentação dele. Em seu gênero, que é o da religião, ela me parece perfeita.

4. Rudolf Bultmann, citado por Denis Moreau, ibid., p. 295.

5. Luc Ferry, *A revolução do amor: Por uma espiritualidade laica*. Rio de Janeiro: Objetiva, 2012.

6. Traduzo aqui do alemão as primeiras linhas dos *Fundamentos da metafísica dos costumes*, que expressam perfeitamente essa ideia antiaristocrática por excelência: i) "De maneira geral, não existe nada no mundo, e mesmo fora dele, que possa ser considerado como bom sem nenhuma restrição, a não ser unicamente uma boa vontade. A inteligência, a sutileza, a faculdade de julgar e os outros talentos do espírito, qualquer que seja o nome que lhes derem, ou ainda a coragem, a capacidade de decidir, a tenacidade na realização dos projetos são certamente, enquanto qualidades do temperamento, coisas boas

e desejáveis sob vários pontos de vista. Nem por isso deixam de se tornar, se for o caso, más e prejudiciais ao extremo quando a vontade que deve fazer uso desses dons da natureza, e cuja constituição própria é por essa razão denominada 'caráter', não é boa. Dá-se o mesmo quanto aos dons que nos cabem pela fortuna. O poder, a riqueza, as honrarias, e inclusive a saúde, assim como tudo o que se relaciona ao bem-estar e à satisfação com a própria situação, geram, sob o nome de felicidade, uma autoconfiança que muitas vezes também se transforma em orgulho presunçoso, desde o momento em que falta uma boa vontade capaz de tornar justa e de conduzir para fins universais a influência que esses dons da fortuna exercem sobre a alma e, com ela, todo o princípio da ação. Sem nem sequer mencionarmos o fato de que um observador imparcial e dotado de razão jamais poderia experimentar a menor satisfação ante o espetáculo de um ser a quem tudo fosse incessantemente bem-sucedido, ainda que nenhum traço de pura e boa vontade viesse embelezá-lo. Desse modo, a boa vontade parece mesmo constituir a condição indispensável daquilo que nos torna dignos de ser felizes. Claro, algumas dessas qualidades podem, sem dúvida alguma, favorecer essa boa vontade e facilitar-lhe amplamente a tarefa. Porém é inegável que, sem ela, tais qualidades não têm nenhum valor intrínseco e absoluto, mas, pelo contrário, pressupõem sempre uma boa vontade — o que vem limitar a alta estima na qual elas são tidas, aliás a justo título, e impede assim que possam ser consideradas como absolutamente boas. O comedimento nas afeições e nas paixões, o domínio de si, o rigor na reflexão não são apenas bons sob vários pontos de vista, mas parecem constituir uma parte mesma do valor intrínseco da pessoa. Contudo, estão longe de poder ser considerados como bons sem restrição. Pois, na ausência dos princípios de uma boa vontade, eles podem tornar-se extremamente ruins: o sangue-frio do malfeitor não o torna apenas bem mais perigoso; torna-o também, aos nossos olhos, imediatamente mais detestável do que o teríamos avaliado se ele fosse desprovido de tal característica..."

7. Hannah Arendt, *A condição humana*. São Paulo: Forense Universitária, 2016, p. 127. Sem dúvida, em *Os trabalhos e os dias*, Hesíodo se entrega a

uma verdadeira apologia do trabalho que poderia surpreender num mundo aristocrático. Já no início do poema, ele distingue dois tipos de guerra: uma pavorosa, a guerra das armas que trazem a morte, e a outra benéfica, a dos trabalhadores que estão em uma saudável emulação entre eles para ganhar a vida honestamente, dentro da justiça. Até poderíamos considerar isso como uma perspectiva inteiramente republicana e moderna, tão vibrante é o elogio do trabalho... só que este aparece no poema como uma maldição! Pois, durante a idade de ouro, quando os homens ainda eram próximos dos deuses e viviam despreocupados, ninguém precisava trabalhar. Como depois no mito bíblico, a terra benévola satisfazia todas as necessidades deles sem que precisassem de modo algum extenuar-se cultivando o solo. É somente para punir os humanos dos crimes cometidos em favor deles por Prometeu que Zeus decide ocultar nas profundezas da terra as sementes que fazem brotar os cereais, os legumes e as frutas. Esse ato tem uma só e única finalidade: obrigar os seres humanos a ganhar a vida com o suor de seu rosto, no esforço e no sofrimento: "Antes, a raça humana vivia sobre a terra longe e a salvo dos sofrimentos, da dura fadiga e das enfermidades dolorosas que acarretam a morte para os homens... O solo fecundo produzia por si mesmo uma abundante e generosa colheita, e eles, na alegria e na paz, viviam de seus campos, em meio a benefícios incontáveis...". Se, em nossos dias, as coisas são diferentes, é porque saímos da idade de ouro e porque "os deuses esconderam o que faz os homens viverem; do contrário, sem esforço, tu trabalharias somente uma jornada a fim de colher o necessário para viver durante todo um ano sem fazer nada!". Portanto, ainda que o trabalho possa ser enriquecedor em todos os sentidos do termo para os homens de hoje, pois é o único meio de viver dentro da justiça (senão, seria preciso roubar o fruto do trabalho dos outros), é antes de mais nada uma punição, uma maldição, na verdade uma desgraça, se compararmos a situação dos homens de hoje à que era a deles no tempo de Cronos, isto é, na idade de ouro, quando nada os obrigava ainda a qualquer labuta que fosse.

8. Marc Ferro é um dos poucos a ter percebido a ligação entre o trabalho dos monges e a parábola dos talentos — algo que, por exemplo, o próprio

Bento XVI não viu, no discurso que realizou no convento dos bernardinos (cistercienses) por ocasião de sua vinda a Paris. Os monges, em particular os beneditinos, "que logo foram considerados como santos, revalorizavam o trabalho em uma sociedade que só admitia duas coisas: a guerra e a oração. Assim, davam um sentido social a uma ideia básica dos Evangelhos, segundo a qual o mérito de cada pessoa depende do que ela faz com seus talentos ou qualidades pessoais, e não dos dons que recebeu: a pessoa não é responsável por suas facilidades ou dificuldades naturais, ao passo que o é por seus esforços para agir bem. Tal concepção, que Jesus exprime pela parábola dos talentos, rompe com a visão tradicional na Antiguidade, que acreditava existir uma hierarquia natural entre os homens... O cristianismo insiste, ao contrário, quanto à unicidade da humanidade e à igual dignidade dos homens, que todos têm a mesma faculdade de manifestar sua boa vontade. É nisso que se fundamenta a dignidade do trabalho... [assim como] a convicção de que os homens nascem livres e iguais em direito" (Marc Ferro, *Des Grandes Invasions à l'an mille*. Paris, Plon, 2007, pp. 65-6).

9. Como se vê, por exemplo, neste trecho das *Reflexões sobre a educação* de Kant. "É da mais alta importância que as crianças aprendam a trabalhar. O homem é o único animal que deve trabalhar. Ele precisa de muita preparação para chegar a desfrutar daquilo que é necessário à sua sobrevivência. A questão de saber se o Céu não deveria ter cuidado de nós com mais benevolência, oferecendo-nos todas as coisas já prontas, de tal modo que não fôssemos obrigados a trabalhar, deve receber uma resposta negativa: de fato, o homem precisa de ocupações, e mesmo daquelas que implicam certa coação. De igual modo, é um erro imaginar que, se tivessem permanecido no Paraíso, Adão e Eva não teriam feito nada além de ficar sentados juntos, entoando cantos pastorais e contemplando a beleza da natureza. Seriam torturados pelo tédio, tanto quanto outros homens em situação semelhante... Então, onde a inclinação para o trabalho deve ser cultivada, se não na escola? A escola é uma cultura por coação. É extremamente ruim habituar a criança a encarar tudo como um jogo. Deve haver tempo para suas recreações, mas também deve haver para ela um tempo

de trabalho. E, se a criança não perceber no início para que serve essa coação, mais tarde constatará sua grande utilidade" (Emmanuel Kant, *Réflexions sur l'éducation*. Paris: Vrin, 1990).

10. Hans Jonas, *O princípio responsabilidade*. Rio de Janeiro: Contraponto Editora, 2015.

1. A ANTINOMIA DA FELICIDADE [pp. 33-53]

1. Frédéric Lenoir, *Sobre a felicidade: Uma viagem filosófica*. Rio de Janeiro: Objetiva, 2016.

2. Ibid.

3. Sua Santidade o Dalai Lama, *O caminho para a liberdade*. Rio de Janeiro: Nova Era, 2001.

4. "Quando tudo estava terminado [...], Deus pensou por último em criar o homem. Mas nos arquétipos não havia nada para moldar uma nova linhagem, nem havia nos tesouros nada para oferecer como herança ao novo filho, nem nos bancos do mundo inteiro o menor lugar onde o contemplador do universo pudesse sentar-se [portanto, à diferença dos animais, o homem não tem nem natureza determinada, nem lugar, nem dons particulares: no início ele não é nada, não tem nenhum programa, nenhum software determinante]. Tudo já estava preenchido, tudo havia sido distribuído às ordens superiores, intermediárias e inferiores [os anjos, os santos, os animais]... Se nós não te demos, Adão, nenhum lugar determinado, nenhum aspecto que te seja próprio, nenhum dom particular, foi a fim de que o lugar, o aspecto, os dons que terias desejado, tu os tenhas e os possuas segundo teu desejo, por tua ideia. A natureza definida dos outros é mantida sob controle por leis que nós prescrevemos: mas a ti, nenhuma restrição te controla, é teu próprio julgamento, ao qual eu te confiei, que te permitirá definir tua natureza... Se nós não te fizemos nem celeste nem terrestre, nem mortal nem imortal, foi a fim de que, dotado por assim dizer do poder arbitral e honorífico de te modelares e te moldares por ti mesmo, tu te dês a forma que tiver tua preferência..."

5. Mickaël Mangot, *Heureux comme Crésus? Leçons inattendues d'économie du bonheur*. Paris: Eyrolles, 2014.

2. AMAR: FELICIDADE E INFELICIDADE DE AMAR [pp. 54-74]

1. *Tristan et Iseult*, adaptação de René Louis. Paris: Le Livre de Poche, 1972.

2. "Precipita-se assim de seu vasto domicílio, cansado de estar em casa, depois volta de repente, não sentindo nenhum alívio em entediar-se lá fora. Acelera o passo, corre, incita a montaria, como se fosse acudir a sua morada em chamas. Mal atinge a soleira, põe-se a bocejar, cai em um sono pesado, para nele buscar o esquecimento, a menos que se apresse de novo rumo à cidade. Todos procuram fugir, ninguém consegue. E depois giram em círculos, na roda da vida, na qual já nenhum novo prazer pode nos surpreender. Enquanto não tivermos o objeto tão cobiçado, a falta cobra seu preço. Obtido o objeto, de imediato nossos desejos visam a um outro."

3. Carta encíclica *Deus caritas est*, de 25 de dezembro de 2005.

3. ADMIRAR, OU POR QUE A ADMIRAÇÃO NOS DEIXA FELIZES? [pp. 75-91]

1. René Descartes, *As paixões da alma*. São Paulo: Martins Fontes, 1998, II, artigo 70.

2. Alexis de Tocqueville, *A democracia na América*. São Paulo: Martins Fontes, 2014.

3. Régis Debray. *À demain de Gaulle*. Paris: Folio, 1996.

4. Alexis de Tocqueville, *A democracia na América*, op. cit.

5. Marcel Gauchet, *La Religion dans la démocratie*. Paris: Gallimard, 1998.

6. Luc Ferry, *A revolução do amor: Por uma espiritualidade laica*, op. cit.

4. EMANCIPAR-SE: LIBERDADE OU FELICIDADE? [pp. 92-108]

1. Thomas Hobbes, *Leviatã*. São Paulo: Edipro, 2015.

2. Hans Jonas, *O princípio responsabilidade*, op. cit.

3. Friedrich Nietzsche, *A vontade de poder*. Rio de Janeiro: Contraponto Editora, 2008, p. 140.

4. Herbert Marcuse, *Éros et civilisation*. Paris: Éditions de Minuit, 1963.

5. AMPLIAR OS HORIZONTES: POR QUE O PENSAMENTO AMPLIADO NOS DEIXA FELIZES? [pp. 109-22]

1. Georg Wilhelm Hegel, *Fenomenologia do espírito*. Rio de Janeiro: Vozes, 2011.

2. Luc Ferry, *Aprender a viver: Filosofia para os novos tempos*. Rio de Janeiro: Objetiva, 2010.

6. APRENDER E CRIAR: SOFRIMENTOS E ALEGRIAS DO CONHECIMENTO [pp. 123-51]

1. Claude Lévi-Strauss, *Tristes trópicos*. Rio de Janeiro: Companhia das Letras, 1996.

2. Gallimard, 2013.

3. "Queres buscar luzes e instrução? Temos aqui a amável fonte delas, e logo ficamos encantados pelo saber e pelo tino que encontramos nos colóquios, não somente os dos sábios e dos letrados, mas também dos homens de todos os estados e mesmo das mulheres: o tom da conversação é fluente e natural. Não é nem pesado nem frívolo; é erudito sem pedantismo, alegre sem tumulto, polido sem afetação, galante sem insipidez, brincalhão sem equívocos. Não são nem dissertações nem epigramas: as pessoas raciocinam sem argumentar, gracejam sem jogos de palavras, associam com arte o espírito e a razão [...].

Falam de tudo para que cada um tenha algo a dizer, não se aprofundam nas questões por temor de entediar; [...] cada um diz sua opinião e a fundamenta em poucas palavras, ninguém ataca fervorosamente a de outrem, ninguém defende obstinadamente a sua; as pessoas discutem para se esclarecer, e se detêm antes da disputa [...].

"Mas, no fundo, o que achas que se aprende nessas conversações tão encantadoras? A julgar sensatamente as coisas do mundo? A fazer bom uso da sociedade? A conhecer pelo menos as pessoas com quem se vive? Nada disso, minha Julie: nelas aprende-se a defender com arte a causa da mentira, a estrangular, à força de filosofia, todos os princípios da virtude, a colorir com sofismas sutis as próprias paixões e os próprios preconceitos e a dar ao erro um certo viés dentro da moda, segundo as máximas do dia. Não é necessário em absoluto conhecer o caráter das pessoas, mas somente seus interesses, para adivinhar mais ou menos o que elas dirão sobre cada coisa" (Jean-Jacques Rousseau, *Julia ou a nova Heloisa*. São Paulo: Hucitec Editora, 2006).

4. Como sugere este trecho do *Discurso sobre as ciências e as artes*: "Hoje, que requintes mais sutis e um gosto mais refinado reduziram a arte de agradar a princípios, reina em nossos costumes uma vil e enganosa uniformidade, e todos os espíritos parecem ter sido lançados no mesmo molde: incessantemente a polidez exige, o decoro ordena; incessantemente as pessoas seguem usos, nunca seu próprio engenho. Já ninguém ousa parecer aquilo que é; e nessa coação perpétua, os homens que formam esse rebanho chamado sociedade, colocados nas mesmas circunstâncias, farão as mesmas coisas, se motivos poderosos não os fizerem desviar-se. Portanto, nunca se saberá muito bem com quem se está lidando e, para uma pessoa conhecer seu amigo, será preciso esperar as grandes ocasiões, isto é, esperar que já não haja tempo, uma vez que é justamente para essas ocasiões que teria sido essencial conhecê-lo...".

ESTA OBRA FOI COMPOSTA PELA ABREU'S SYSTEM EM INES LIGHT
E IMPRESSA EM OFSETE PELA LIS GRÁFICA SOBRE PAPEL
PÓLEN SOFT DA SUZANO PAPEL E CELULOSE PARA A
EDITORA SCHWARCZ EM FEVEREIRO DE 2018

FSC
www.fsc.org
MISTO
Papel produzido a partir de fontes responsáveis
FSC® C112738

A marca FSC® é a garantia de que a madeira utilizada na fabricação do papel deste livro provém de florestas que foram gerenciadas de maneira ambientalmente correta, socialmente justa e economicamente viável, além de outras fontes de origem controlada.